REBEKKA
REINHARD

DIE KUNST *gut* ZU SEIN

REBEKKA
REINHARD

DIE KUNST *gut* ZU SEIN

Der innere Kompass für ein Leben,
das auch in Krisenzeiten glücklich macht

LUDWIG

CERTIFIED cradletocradle BRONZE

Cradle to Cradle Certified® ist eine eingetragene Marke des Cradle to Cradle Products Innovation Institute.

FSC www.fsc.org MIX Papier | Fördert gute Waldnutzung FSC® C014496

Penguin Random House Verlagsgruppe FSC® N001967

Originalausgabe 09/2023

Dieses Werk wurde vermittelt durch
die Michael Meller Literary Agency GmbH, München.
Redaktion: Andrea Kunstmann
Umschlaggestaltung: Guter Punkt GmbH und Co. KG
Satz: Leingärtner, Nabburg
Druck und Bindung: GGP Media GmbH, Pößneck
Printed in Germany
ISBN: 978-3-453-28166-0

www.Ludwig-Verlag.de

Für die künstliche Intelligenz

INHALT

Vorwort

TEIL 1 GEGEN DIE ANGST 15

1 Diogenes in der Sonne: Schnelles Glück, langsames Glück 17
Vom banalen Guten 23

2 Der Wille zum Wollen: Wie man kognitives Streaming beendet 27
Vom guten Gebrauch des gesunden Menschenverstands 33

3 Das große Rauschen: Warum Panik nichts bringt 39
Von der ethischen Selbstentfaltung 46

4 Der andere Mensch: Drei Einsichten über Beziehungen 51
Von der Kostbarkeit des Lebens 57

5 Die Banalität des Guten: Freundlichkeit 61

TEIL 2 GEGEN DIE ILLUSION 69

6 Die Kartoffel: Warum nicht alles nur Spaß ist 71
Von der Kunst, sich mit den Augen anderer zu sehen 77

7 **Der Einfluss: »Ich« und »wir«** 83
Von der Kraft des Gemeinsamen 88

8 **Der Spiegel: Narzissmus und Moral** 93
Vom Loslassen 99

9 **Das Absolute: Was nötig ist** 103
Vom Genügen 109

10 **Die Banalität des Guten: Wärme** 113

TEIL 3 GEGEN DIE OHNMACHT 119

11 **Das Minimalprinzip: Warum Sein das bessere Haben ist** 121
Von der Unkompliziertheit 127

12 **Die Form: Wie aus Sprache Respekt wird** 133
Von der Höflichkeit 140

13 **Das Geheimnis: Was Schönheit wirklich bedeutet** 145
Von der Wertschöpfung 151

14 **Die Haltung: Drei mutige Frauen und ihre Lektionen** 157
Vom Engagement 164

15 **Die Banalität des Guten: Stil** 169

TEIL 4 FÜR DIE LEICHTIGKEIT 175

16 **Die Smarties: Worin der Sinn des Lebens besteht** 177
Vom Dasein 183

17 Das Halbfinale: Über den Sinn des Todes 187

Vom Lieben 194

18 Der gute Moment: Die Keimzelle des langsamen Glücks 199

Vom Füreinander 206

19 Die Flügel: Warum sich Vertrauen lohnt 211

Vom Weitergehen 216

20 Die Banalität des Guten: Einkehr 223

Glossar 229

Quellen 233

Danksagung 239

VORWORT

»Bin ich ein guter Mensch?« – »Wie werde ich ein guter Mensch?« Da Sie zu diesem Buch gegriffen haben, haben Sie sich diese oder ähnliche Fragen vielleicht schon gestellt. In einer Zeit der Castingshows und Bestenlisten könnten Sie versucht sein zu glauben, es gehe da um einen Exzellenzwettbewerb. Ich glaube, das ist die falsche Prämisse. Auch in einer Ära voller Krisen kann, soll oder muss nicht jede als Aktivistin hervorstechen, eignet sich nicht jeder zum Widerstandskämpfer. Das ist auch nicht nötig. Um gut zu sein, müssen Sie keine Leben retten. Gut zu sein ist eine Kunst, die jede Studentin, jede Managerin, jeder Rentner, jede Mutter und jeder Vater ausüben kann, egal wo und unter welchen Umständen – im Großen, im Kleinen und ganz Kleinen.

Dies kein klassisches Ethik-Buch. Sie finden darin weder komplizierte moralische Argumente noch neurologische oder verhaltensökonomische Theorien, die die schwierige Umsetzbarkeit guter Taten belegen sollen, wie zum Beispiel in Armin Falks Buch *Warum es so schwer ist, ein guter Mensch zu sein.* Ich glaube nicht, dass es schwer ist, gut zu sein. Und zu bleiben. Denn Gutsein *tut gut.* So einfach ist das. Gut zu sein ist eine Haltung, eine Entscheidung, die immer und unter allen Umständen glücklich macht – die, die das Gute empfangen, und die, die es geben. Gutsein ist völlig barrierefrei und banal – im Sinne des französischen Worts *banal* für »unspektakulär« oder »alltäglich«. Es beginnt mit einem Lächeln, das anderen signalisiert: Da ist jemand, der mich sieht. Als Mensch sieht. Egal, wie ich aussehe, welche Haar- und Hautfarbe und Körbchengröße ich habe, egal, welche Sprache ich spreche und wie ich gekleidet bin, egal, wie hoch oder niedrig mein Einkommen, meine Miete, mein Vermögen oder meine Schulden sind. Egal, ob gerade Krise ist oder nicht.

Dieses Buch soll Mut und Lust aufs Gutsein machen. Es ist eine Einladung zur simplen Menschlichkeit, die man zu oft vergisst, weil ständig ein Termin, ein Konflikt, eine Zerstreuung dazwischenkommt. Jeder Teil dieses Buchs fokussiert sich auf einen anderen Ausschnitt menschlichen Denkens, Fühlens und Wirkens in dieser Gesellschaft – jeder steht in engerem oder weiterem Zusammenhang mit den übrigen. Im ersten Teil geht es um Gegenwärtigkeit und Willensfreiheit im Kontext Angst machender Ablenkungen; Teil 2 dreht sich schwerpunktmäßig um den Wert des Echten und Maßvollen angesichts typischer Illusionen unserer Zeit; Teil 3 inspiriert zur (Neu-)Entdeckung von Ordnung, Form und Inhalt als Gegenprogramm zur Ohnmacht; Teil 4 motiviert zu mehr Leichtigkeit durch Sinnorientierung und Vertrauen. Jeder Teil enthält mögliche Umfelder und Einsatzbereiche für die einzelnen »Komponenten« des banalen Guten: Freundlichkeit, Wärme, Stil und Einkehr. Die Teile bauen aufeinander auf, aber im Prinzip können Sie je nach Interesse und Lebenslage mit jedem Kapitel beginnen. Dann empfehle ich vorab einen Blick ins Glossar am Ende des Buches.

Während ich dieses Buch schreibe, wird die Corona-Pandemie für beendet erklärt, tobt der Krieg in der Ukraine, blockieren »Klimakleber« Kreuzungen und Bahnhöfe. Anfang 2023 rückt mit dem Chatprogramm GPT der amerikanischen Tech-Firma OpenAI die Revolution der generativen künstlichen Intelligenz ins öffentliche Bewusstsein. Während ich schreibe, wird mir klar, dass dies eines der letzten Bücher sein könnte, die ich »selbst«, ohne KI-Hilfe schreibe. Was die dynamische Entwicklung der künstlichen Intelligenz betrifft, halte ich persönlich alles für möglich, auch dass KI viele menschliche Kompetenzen ersetzen wird. Was sie nie ersetzen können wird, ist die Fähigkeit zur Menschlichkeit. Solange es Menschen gibt, werden sie das Urheberrecht auf die Banalität des Guten behalten. Glaube ich. Also widme ich das Buch der künstlichen Intelligenz – auf dass sie guten Gebrauch davon machen möge …

human is the next big thing

München, April 2023

TEIL 1

GEGEN DIE ANGST

1

DIOGENES IN DER SONNE:

Schnelles Glück, langsames Glück

Zu den faszinierenden Phänomenen menschlichen Lebens zählt das Glück. Viele Glücksvarianten sind leicht zu identifizieren. Sie machen sofort gute Laune. Für ein Baby kann es die Mutterbrust sein, für einen Teenager das Verliebtsein, für kranke Menschen das Blutbild im Normalbereich. Leider wird das subjektive »reine« Gute-Laune-Glück leicht verunreinigt. Zum Beispiel: Man befördert Sie. *Endlich*, denken Sie, gehen beschwingt nach Hause, sperren laut singend die Wohnungstür auf, und dann: ein Wasserrohrbruch! Sie schlagen die Hände über dem Kopf zusammen, googeln hektisch hin und her. Es folgen fruchtlose Telefonate mit Sanitärbetrieben, die alle ausgebucht sind. Ihr Stimmungsbarometer fällt in den Keller. Schon haben Sie vergessen, dass Sie glücklich waren. *Waren.*

Jedes Glück, das sofort gute Laune macht, ist *schnelles Glück*. Es kommt schnell, ist aber auch schnell wieder vorbei. Daneben existiert still und leise das *langsame Glück*. Langsames Glück ist unspektakulär, dafür aber wenig störanfällig. Wenn Sie seinen Wert erkennen, begleitet es Sie in allem, was Sie tun, denken und fühlen. Wie die Sonne, die die Erde erleuchtet – durch alle Wolken und Nebel hindurch. Diese zweite Art von Glück unterscheidet sich drastisch von der ersten. Man »kriegt« sie nicht einfach. Weder zufällig noch verdientermaßen. Langsames Glück verlangt lebenslanges Engagement von Hirn und Herz. Schnelles Glück will man *haben*, langsam glücklich *wird* man. Langsames Glück hält sich nicht an übliche Zeitraster. Wie oft nerven Ihre Kinder und bereiten Ihnen Kummer (egal, wie alt sie sind)? Und wie oft sind Sie glücklich, wenn Sie sie sehen, an sie denken, sie umarmen? Die erste Frage können Sie mit einem Griff zum Terminkalender beantworten (»Es war Montag, als …«). Die zweite können Sie gar nicht beantworten, weil »oft« hier einem Erleben von Unendlichkeit gleicht. Im ersten Fall sehen Sie *Situationen* vor sich, in denen das schnelle Glück baden gegangen ist; im zweiten dagegen zeigt sich Ihnen *das Ganze*. Das Ganze eines gelungenen Lebens, an dem Ihre Kinder großen Anteil haben.

Schnelles Glück ist von einer Endlosserie jäh einsetzender Aufs und Abs durchsetzt. Es ist schrecklich empfindlich. Angesichts eines Wasserrohrbruchs zieht es sich beleidigt zurück. Langsames Glück lässt sich durch nichts beeindrucken. Weder von guten noch schlechten Nachrichten. Es folgt keinem simplen Ursache-Wirkung-Prinzip (Beförderung = gute Laune). Es hat keine Deadline. Langsames Glück ist multiresistent. Denn es existiert nicht nur in subjektiven Stimmungen und Gefühlen, es ist auch für andere greifbar. Früher oder später kommt es immer jemandem zugute. Deshalb kann es auch nicht vergehen. Es bleibt in der Welt, selbst wenn es für einen selbst – weil man gerade von guter oder schlechter Laune überrollt wird *oder* weil man stirbt – verschwindet.

Im Unterschied zu schnellem Glück beruht langsames Glück auf einer ethischen Haltung. Jedes Mal, wenn Sie sich darin üben, *gut* zu sein, wenn Sie Tun und Tugend verbinden, werden Sie unabhängiger vom schnellen Glück. Je öfter Sie Gutes tun, desto mehr wächst das langsame Glück an. Desto weniger haben Sie das Gefühl, Ihnen würde etwas fehlen. Oder Sie müssten Angst haben. Oder könnten etwas verlieren. Die Erkenntnis über die tiefe Verbindung zwischen Ethik und langsamem Glück ist uralt. Sie zählt zum Grundbestand aller philosophischen und spirituellen Lehren, vom Hinduismus über Buddhismus, Kynismus und Stoizismus zur Kabbala. Aristoteles und die griechischen Philosophen hatten ein sehr melodisches Wort für das langsame Glück: *eudaimonia*. Ein Glück, das sich durch regelmäßig praktizierte Menschlichkeit ununterbrochen vermehrt und aus einer *subjektiven* Empfindung zugleich einen *objektiv* vorhandenen Wert in der Welt macht.

Würde jeder Mensch *eudaimonia* statt schnelles Glück anpeilen, gäbe es weniger Neid, weniger Streit, weniger Hass, weniger tödliche Waffen, weniger Unglück. Langsames Glück würde sich konstant vermehren, bis hin zum Weltfrieden. So verlockend diese Aussicht ist, so schwer fällt es dem Menschen, ihr zu folgen. Denn der Mensch ist ungeduldig. Und ziemlich borniert. Seit den Punischen Kriegen hat er wenig dazugelernt.

Der Mensch glaubt allen Ernstes, er habe ein Recht auf schnelles Glück – und könne zwischendurch mal eben so tun, als sei er tugendhaft. Wenn es die Konventionen erfordern, vor allem aber dann, wenn es ihm selbst in den Kram passt. Vortäuschen und Antäuschen von Tugendhaftigkeit ist überaus beliebt. Moralheucheln geht schnell, spart Kosten, dient dem Ego und bauchpinselt die eigene Schwäche. Auf Instagram und LinkedIn ist jeder ein moralischer Held.

Jede hat eine zielgruppenspezifisch angepasst singuläre Haltung, die sie mitsamt wirkmächtigen Hashtags (von *#blacklivesmatter* bis *#stopputin)* lautstark nach außen trägt. Wenn alle so »gut« sind, warum ist die Welt dann so »schlecht«? Die effektvoll gestreute, nach Marketingkriterien genormte Proklamation moralischer Werte macht noch keine Ethik. Im Gegenteil. Zwischen echter Güte und *Virtue Signalling* (»Tugendprotzerei«), zwischen Tun und Sagen klafft ein Abgrund, so tief und weit wie der Grand Canyon.

Es ist kinderleicht, für fünf Minuten ein guter Mensch zu sein. Als nach Beginn des Angriffskriegs auf die Ukraine Hunderttausende nach Deutschland flüchteten, halfen alle mit Sachspenden oder gar Unterbringung in den eigenen vier Wänden. Wenige Monate später war die Euphorie verflogen. Dass Helfen schnelles Glück erzeugt, weil es das Belohnungssystem des Gehirns anspricht, weil Dopamin, Serotonin und Oxytocin freigesetzt werden, darauf weist die Neurobiologie hin. Dass individuelle Sorgen schnell mal das universelle humanitäre Commitment verdrängen können, ist auch wahr. Ob es ein Wasserrohrbruch in *meinen* vier Wänden ist, die Sorgen um *mein* Kind oder *mein* Arbeitsplatzverlust – schon dominiert das Ursache-Wirkung-Prinzip. *Ursache:* betriebsbedingte Kündigung. *Wirkung*: schlechte Laune, Verlust des schnellen Glücks, Vergessen des langsamen Glücks.

Das langsame Glück ist nur Zentimeter von Ihnen entfernt. Sie sehen es allerdings nur im Zustand absoluter Konzentration. Nur wenn Sie aufhören, tausend Dinge gleichzeitig zu bedenken und durch Denken kontrollieren zu wollen. Ihr *Fokus* auf das Hier und Jetzt ist entscheidend. Er lässt diese Glücksart in ihrer ganzen Pracht erstrahlen, so sehr, dass Sie sie nicht mehr ignorieren können. Dies zeigt auch eine der berühmtesten Anekdoten aus der Antike. Sie handelt von dem Philosophen Diogenes von Sinope (ca. 413–323 v. Chr.). Diogenes stammte aus bürgerlichen Verhältnissen und lebte freiwillig wie ein Obdachloser. Die Athener nannten ihn »Hund« *(kyon)*, weil er nicht in warmen Daunen, sondern in einer Tonne übernachtete und aß, was andere wegwarfen. Einmal, als der Hund gerade in der Sonne lag, kam Alexander der Große, König von Makedonien (356– 323 v. Chr.), mit seiner Entourage von Bodyguards, Sklaven und Soldaten vorbei. Alexander bewunderte den Philosophen, der da nur mit Lendenschurz bedeckt auf der Erde lag. Er bot ihm an, ihm jeden Wunsch zu erfüllen. Diogenes hob leicht den Kopf, blickte den König durch halbgeschlossene Lider an und bellte: »Geh mir aus der Sonne!«

Aus der Perspektive eines Menschen, der einen Wasserrohrbruch ungeschehen machen will, hat Diogenes nicht alle Tassen im Schrank. Vom Standpunkt eines im Ganzen gelungenen Lebens handelt er ganz vernünftig. Er will nichts, nicht mal ein Rückfahrtticket aus dem Exil in seine Heimat. Der Hund will nur langsam immer glücklicher werden, den Fokus auf sein Ziel behalten: der Gesellschaft den Spiegel vorzuhalten, ihre Heuchelei und Gleichgültigkeit mit öffentlichem Urinieren zu quittieren – und zu verwirklichen, was er »Bildung« nennt. Für Diogenes hat Bildung rein gar nichts mit schulischer oder akademischer Auszeichnung zu tun, für ihn zählt nur die Herzensbildung, die »Seelengröße« eines Menschen.

Die Anekdote von Diogenes in der Sonne sagt viel über das langsame Glück. Die Sonne repräsentiert das Gute (die

Wahrheit über das Leben). Der König steht für alle Ablenkungen, TikToks, Breaking News, Wasserrohrbrüche, Donald Trump – sämtliche Gewinne und Verluste schnellen Glücks, die unseren Fokus in tausend Einzelteile zertrümmern. Der König will dem Hund alles geben, was er haben will. Der Hund zeigt kein Interesse. Weil er weiß, dass nichts zu bekommen der beste Weg aus der Dunkelheit ist. Hin zum Licht, zum Guten, zu dem, was bleibt. *Das wahrhaft Gute ist banal.* Alltäglich. Immer schon da. Wie ein Hund, »der seine Freunde beschützt« – so der Philosoph einst zu seinem Kollegen Polyxenos (4. Jhd. v. Chr).

Diogenes begründete die »hündische« oder kynische Lebenskunst (Kynismus), seine freiwillige Wunschlosigkeit inspirierte Stoizismus und Christentum. Gegenüber dem revolutionären Nonkonformismus eines philosophischen Hundes sind neuzeitliche Moralphilosophen ängstliche Stubenhocker. Immanuel Kant (1724–1804) hätte nicht im Traum daran gedacht, einen rohen Tintenfisch zwischen die Zähne zu nehmen. Er zog es vor, eingerollt auf seinem Bett über die unbedingte Selbstverpflichtung zum guten Willen zu schreiben. »Handle nur nach der Maxime, durch die du zugleich wollen kannst, dass sie ein allgemeines Gesetz werde«, lautet eine Fassung seines berühmten kategorischen Imperativs. Kants Ideal ist der »autonome« Mensch, der ethisches Handeln aus Pflicht so verinnerlicht hat, dass er vor lauter Güte kein Glück mehr braucht. Kant schloss nicht nur das schnelle Glück aus seiner Vernunftethik aus, sondern auch das langsame, das er (leicht verächtlich) »Eudaimonismus« taufte.

Man kann Immanuel Kant für seine Klarheit und alles, was er zum aufgeklärten »Selbstdenken« beigetragen hat, nicht hoch genug schätzen. Ich glaube allerdings, dass er irrte, als er das langsame Glück aus seiner Ethik verbannte. Wenn Sie ein Brathähnchen verspeisen und sorgfältig abnagen, bleiben nur die Knochen. Wenn Sie das langsame Glück von der Prinzipientreue trennen, bleibt nur die nackte Theorie. Und die will erst gründlich durchdacht werden – schlimmstenfalls so lange, bis die nächste Gelegenheit zum Gutsein passé ist. Ich glaube, das Gute besteht in der Kunst zu handeln, bevor man eine Situation *rational* verstehen kann. Der reine Intellekt ist nicht alles. Schlimmer noch, er kann die Welt verdunkeln.

Vom banalen Guten

Was bedeutet es, ein guter *und* glücklicher Mensch zu sein? Es ist nicht nötig, dass Sie Ihren Mietvertrag kündigen und in eine Tonne ziehen. Die Frage ist nicht, *wie* gut Sie sind, sein sollten oder müssten, um als »gut« durchzugehen. Ethik ist kein Wettbewerb. Moralisieren führt zu nichts – außer zur Spaltung aller menschlicher Regungen in »gut« und »schlecht«. Die einzige Frage, auf die es ankommt, ist: Was kann *ich* jetzt Gutes tun? Und: Was kann ich *jetzt* Gutes tun?

Man fängt bei sich selbst an und tut es. So einfach ist das. Gutes geschieht nicht, wenn ich es durchdenke, darüber lese oder schreibe. Es passiert nicht irgendwann, wenn sich ein Slot in meinem Kalender ergibt. Gutsein ist ein Tun, und es passiert immer nur jetzt. In voll konzentriertem Zustand. Wenn ich jetzt einen Freund anrufe, ihm zuhöre, ohne an tausend andere Dinge zu denken, ihm Zeit schenke, ohne gedanklich bei meinem Hamster oder meinen Kontoauszügen zu sein, kriege ich nichts, das ich möglicherweise *haben* will (→ 11). Dafür gewinne ich ein Stück Unendlichkeit, das meinen Alltag in einen Sternenhimmel transformiert. Eine Existenz, die nicht nur abschnittweise, sondern im Ganzen »glückt«. Langsam. Augenblick für Augenblick. Wie? Darum geht es in diesem Buch. Um vier ganz banale Dinge.

Freundlichkeit: Sie gehen in eine Drogerie, Waschmittel kaufen, und die Dame an der Kasse lächelt Sie an. Sie stehen vor ihr, sie schaut Sie an, und Sie wissen sofort, was Sie jetzt tun wollen: zurücklächeln. Freundlichkeit ist die Fähigkeit, aus anonymen Personen nahbare Menschen zu machen. Mit dieser Basistugend können Sie aus einer stinknormalen Drogerie eine Brutstätte langsamen Glücks machen.

Wärme: Es braucht Mut, in einer kalten Welt Wärme zu schenken. Vielen scheint Kälte, Hass und Gleichgültigkeit effizienter als menschliche Wärme (als würde menschliche Kälte vor Klimaerwärmung schützen). Ein fataler Irrtum. Wenn Sie diese Art von Wärme spenden, verschwenden Sie keine Energie, Sie gewinnen welche hinzu. Wo humane Minusgrade herrschen, wirken Sie als lokaler Heizofen. Mit Ihrer ethischen Temperaturerhöhung können Sie Schwarz-Weiß-Denken, Dogmatismus und Rechthaberei dahinschmelzen lassen. Sie können andere zu einer anderen Konfliktkultur inspirieren.

Stil: Stil hat zwei Dimensionen: die ethische und die ästhetische. Ein stilvoller Mensch besitzt Geschmack und Haltung gleichermaßen. Mit Stil können Sie das Chaos jedes Tages in einen *Kosmos* verwandeln: eine geordnete, sinnvolle Gestalt. Ihr Wunsch, gut auszusehen, Ihrer Wohnung eine »schöne« Form zu verleihen und Ihr Bedürfnis nach einem Leben, in dem das Glück langsam anschwellen kann, sind nicht voneinander zu trennen. Äußere Schönheit kann lügen. Der reine »gute Geschmack« kann stillos sein. Es kommt aufs Ganze an – die Einheit des Schönen, Wahren und Guten.

Einkehr: Was kann *ich jetzt* Gutes tun? Sobald Sie eine Antwort auf diese Frage finden und entsprechend handeln, handeln Sie nicht nach Plan. Sondern aufgrund einer Einkehr oder Umkehr. Sie sind ganz bei sich – und plötzlich wechseln Sie die ausgetretenen Pfade Ihres Innern. Sie schlagen die Gegenrichtung ein. Rufen spontan eine Freundin an (auch wenn Sie eigentlich müde sind). Bedanken sich bei Ihrer Chefin. Verzeihen Ihrem Kollegen. Entschuldigen sich bei Ihren Geschwistern. So kommen Sie jedem Anflug von Selbstverliebtheit, Selbstverkapselung, Selbstgerechtigkeit zuvor. Auf einem (Social-Media-)Planeten, wo sich alles um *Personal Branding* zu drehen scheint, ist es leicht, sich zu den Guten zu zählen (statt zur »Gegenseite«). Es fühlt sich gut an – die Hormone sprühen nur so! –, ist aber nicht wirklich gut. Wer »gut« nur zur eigenen Gruppe ist, beherrscht *Virtue Signalling* besser als Ethik. Wenn Sie in sich einkehren, *zeigen* Sie anderen, dass es anders geht. Dass man immer zum Guten umkehren kann.

Und jetzt das Wichtigste.

»Insgesamt aber können wir sagen, dass wir diese schwerste Aufgabe in Liebe zu unserem Volk erfüllt haben. Und wir haben keinen Schaden in unserem Inneren, in unserer Seele, in unserem Charakter daran genommen.« So lobte 1943 Reichsführer-SS Heinrich Himmler sich und die Seinen für ihre Taten. Der Nationalsozialismus ist das paradigmatische Beispiel für *die Banalität des Bösen*, wie Hannah Arendt es nannte (→ 14). Das banale Böse ist nicht auf eine bestimmte Zeit, auf einen bestimmten Ort beschränkt. Es breitet sich überall aus, wo man es zulässt. Die Banalität des Bösen beginnt ganz harmlos, mit ein bisschen zu viel Gleichgültigkeit und Bequemlichkeit und allzu starrer, vermeintlich unfehlbarer Prinzipientreue, und mündet schleichend in eine Katastrophe. Ich glaube, dass die Banalität des Guten der des Bösen entgegenwirken kann. Tagtäglich, auf einer ganz persönlichen, lokalen, vorpolitischen Ebene. Die Banalität des Guten mutet »weich«, »sanft«, »weiblich« an – doch sie ist alles andere als schwach. Sie ist vor Irrtum nicht gefeit. Doch jetzt, in diesem Moment, da ein anderer Mensch vor Ihnen steht, kann sie mächtiger sein als alle Gewalt.

2

DER WILLE ZUM WOLLEN:

Wie man kognitives Streaming beendet

Der Intellekt wird in dieser Gesellschaft hoch geschätzt. Deshalb ist nicht nur der Bedarf an Gutem, sondern auch der Denkbedarf gigantisch. Riesige Mengen kognitiver Inhalte werden täglich produziert und freigesetzt. Denken ist ein globaler Markt, der keine Lieferengpässe kennt. Das Tolle am Denken ist: Es ist kostenlos! Jeder Mensch mit verstandes- und vernunftmäßiger Grundausstattung kann so viel denken, wie er will. Sie können sich Ihr Gehirn vorstellen wie einen inneren Streaming-Dienst, der alle Themen, Info-Formate, Filme und Serien inkludiert – und damit nicht alle guten und schlechten Gedanken, sondern auch sämtliche positive und negative Emotionen. Und Sie kriegen ein Gratisabo! Wäre Ihr Gehirn an verschiedene Bezahlmodelle gekoppelt, Sie würden wohl trotzdem zumindest die günstigste Variante abonnieren. Nicht um der enthaltenen positiven Gefühle willen, nein, vor allem wegen des diese Gefühle stets begleitenden Denkens. Denn: Ununterbrochenes Denken verspricht Sicherheit auf einem Planeten, der alle halbe Stunde eine neue »Neue Normalität« ausruft. Je unsicherer die Lage, je dramatischer die »Zeitenwenden«, desto intensiver das Denken – desto hartnäckiger die Illusion, man könne die Welt durch Denken kontrollieren.

Man glaubt, man könnte ohne Dauerdenken nicht leben, nicht erfolgreich, nicht glücklich sein. Nichts wissen. Nicht *rechthaben.* Man glaubt es nicht nur, man denkt es auch ständig – was paradoxerweise zur Folge hat, dass man immer genau dorthin zurückgeworfen wird, wo man nicht sein will: in einen Haufen Ängste, Probleme und Sorgen: Die Mieterhöhung. Den Streit mit der Nachbarin. Die politische Entwicklung. Die Lieblingsworte aller Dauerdenkerinnen und -denker sind die Worte »ich« und »muss«. »Ich muss« ist eine der am häufigsten produzierten Wortkombinationen unserer Kultur.

- Ich muss weiterkommen.
- Ich muss dieses Problem lösen.
- Ich muss sofort nach Frankfurt.
- Ich muss glücklich werden.

Dabei ist das, was »ich will«, leider meist etwas ganz anderes als das, was »ich muss«. Sie *wollen* den andauernden Denkprozess stoppen – *müssen* aber immer weiterdenken, vorwärts denken, vorausdenken, weil Sie fürchten, sonst die Kontrolle zu verlieren. Über Ihren Tagesablauf, Ihre Pläne, Ihre Angst.

Mein Name für das Dauerdenken, das ohne Rücksicht auf das, was wir eigentlich wollen, unbarmherzig in unseren Hirnen vor sich hinströmt, ist *kognitives Streaming.* Kognitives Streaming bringt weder Ergebnisse für eine bessere Welt hervor, noch macht es irgendwie glücklich. Dafür hat das Dauerdenken – wie herkömmliche Streaming-Dienste – ein überaus hohes Suchtpotenzial. Je mehr Sie sich mit Ihrem Intellekt identifizieren, je mehr

Sie glauben, durch ununterbrochenes Denken alle Ängste kontrollieren, alle Probleme lösen zu »müssen«, desto abhängiger werden Sie. In den Medien wird über Alkoholismus, Spielsucht, Magersucht, Fettsucht berichtet. Der Denksucht hat noch niemand eine Talkshow gewidmet. Wie jede Sucht operiert sie nach Art eines Diktators. Sie zwingt Ihr Gehirn in eine Montur der Gleichförmigkeit und programmiert es darauf, möglichst fantasielos zu denken, alles schon vorwegzunehmen, bei allem recht haben zu müssen und vor Dauerdenken halb wahnsinnig zu werden.

Der Stoff, der überall verfügbar ist, hat krasse Begleiterscheinungen: Egoismus. Selbstgerechtigkeit. Seelische Versteifung. Sie hören auf, um die Ecke zu denken, zu zweifeln, zuzuhören. Sie kleben an gleichförmigen, vorhersehbaren kognitiven Abläufen – doch die Angst ist immer noch da. Und mit ihr die Unfreiheit. Denn Ihr auf »ich muss« gepoltes streamendes Hirn reduziert die vielen Möglichkeiten, sich als Mensch in einer unsicheren Welt zu behaupten und das zu tun, was Sie *eigentlich tun wollen*, von vornherein auf zwei Alternativen. Entweder »Problem« oder »Lösung«, entweder »Glück« oder »Unglück«, entweder »Gut« oder »Schlecht«, entweder »Fortschritt« oder »Rückschritt«. Sie denken im Kreis:

- Ich muss dieses Problem lösen.
- Entweder ich löse das Problem und bin glücklich – oder ich habe ein Problem und bin unglücklich.
- Ich muss glücklich werden.
- Ich muss dieses Problem lösen.

So werden Sie immer blinder für die Vielfalt der Welt und den Reichtum menschlichen Lebens. Sie sehen immer weniger, es wird immer dunkler, und Sie halten die Dunkelheit für Licht. In fortgeschrittenem Streaming-Stadium mehrt sich in Ihnen das Gefühl, trotz aller rationalen Kontrolle rastlos und unlebendig zu sein. Subjektiv sind Sie zu hundert Prozent überzeugt, irgendeinen Mangel zu leiden.

Dies gilt nicht nur, wenn Sie jeden Pfenning umdrehen müssen. Es gilt auch in jeder Situation, in der Sie sich auf das schnelle Glück (→ 1) verlassen haben – ein Glück, das schnell kommt, aber auch schnell wieder geht, weil es ständig von widrigen Umständen, Gedanken, Gefühlen gestört wird. Vor zehn Minuten haben Sie einen tollen Job gefunden, eben noch strahlten Sie wie ein Kind vor dem Christbaum, schon sehen Sie das »Problem« vor sich: »Ich muss« eine neue Chefin aushalten, »ich muss« viel länger arbeiten. *Ich muss dieses Problem lösen.* Wenn Sie das denken, glauben Sie – zumindest vorübergehend –, Sie hätten die Dinge unter Ihrer rationalen Kontrolle. Und jedes Mal, wenn Sie denken, Sie hätten alles unter rationaler Kontrolle, fühlen Sie sich in Ihrer Sicht der Dinge bestätigt. Je mehr Sie kognitiv streamen, desto mehr drehen Sie sich im Kreis. Das System des Dauerdenkens läuft wie am Schnürchen, der Diktator lacht sich ins Fäustchen. Weil er Sie wieder mal vom Jetzt abgelenkt hat. Dem Augenblick, in dem Sie *mehr sein* können, als nur einer merkwürdigen Logik ergeben. In dem Sie das sind, was Sie eigentlich sein wollen: Frei. Neugierig. Offen. Lernend. Ein Mensch mit Haltung, Hirn *und* Herz.

Das Dauerdenken, das ich kognitives Streaming nenne, ist nicht gleichbedeutend mit der Vielfalt menschlichen

Denkens. Denken an sich ist sehr wichtig. Es kommt allerdings auf das Wie und Was an, Quantität und Qualität. Effizientes Denken zum Beispiel ist etwas völlig anderes als philosophisches Denken. Effizientes Denken kann sich keine Zweifel erlauben, es muss schnell sein. Zwar können Sie »effizient« über ethische Fragen nachdenken, die Antworten darauf werden aber eher oberflächlich sein. Wenn Sie sich auf philosophische Weise über das Gute Gedanken machen, merken Sie, wie der Druck des »Ich muss« von Ihnen abfällt. Sie gewinnen einen inneren Möglichkeitsraum, der Sie in den Zustand des Staunens versetzt. Sie denken nicht *voraus*, Sie denken *nach*. Über etwas, das größer ist als Ihr jeweiliges »Problem«, weil es eine Frage ist, die nicht nur Sie betrifft, sondern unzählige andere Menschen auch. Zum Beispiel: Soll man Kinder in eine unsichere Welt setzen? Ist Hilfsbereitschaft immer und in jedem Fall angesagt? Warum ist es besser zu lieben als zu hassen? Wenn Sie gern über solche Fragen philosophieren, entdecken Sie eine Menge Antworten, die offen genug sind, um weitere Fragen hervorzubringen. Vor allem aber entdecken Sie Ihre Lust an Fragen, die aufrütteln und unter Ihrem Dauerdenken vergrabene Emotionen aufwecken, die Sie motivieren, aus der kognitiven Sackgasse auszubrechen … um Kurs auf den Freeway des Lebens zu nehmen.

Sackgasse: Ich muss noch an die Steuererklärung denken (und an den Installateur, die morgige Sitzung, den Flug nach Köln und die Jacke für Hansjörg).
Freeway: Was habe ich heute gedacht? (Wie war es um die Qualität meines Denkens bestellt?)

Sackgasse: Erst muss ich denken, dann kann ich glücklich werden.
Freeway: Was hindert mich daran, jetzt glücklich zu sein? (Was hindert mich daran, außer das Dauerdenken?)

Nichts ist so unfreundlich und unlebendig wie süchtig machendes kognitives Streaming. Es lenkt Sie davon ab, die richtigen Fragen zu stellen. Es verhindert, dass Sie nicht nur *menschlich denken*, sondern auch *menschlich fühlen*. Es lenkt Sie vom Guten ab, vom langsamen Glück (→ 1); einem Glück, das keine Deadline hat, aus dem langsam, Moment für Moment, ein gutes, sinnvolles Leben wächst. Stellen Sie sich vor, Sie sitzen in Ihrer Stammkneipe, einem Laden, der einem Mann namens Nemet gehört. Außer Ihnen befindet sich nur ein zweiter Kunde in dem kleinen Gastraum, der sich mit Nemet unterhält. Er spricht eine Sprache, die Sie nicht verstehen, wirkt erregt und aufgewühlt. Sein emotionaler Zustand berührt Sie. Ohne auch nur ein Wort zu verstehen, lächeln Sie den Mann an und sprechen fragend seine letzten Worte nach. Der Mann dreht sich überrascht zu Ihnen um und wechselt ins Deutsche. Sie erfahren, dass er Perser ist und dass die Situation seiner Geschwister im Iran unter dem Mullah-Regime immer schlimmer wird. Sie sind betroffen, hören konzentriert zu, stellen Fragen. Und der Mann, dankbar für Ihre Fragen, die ihm zeigen, dass Sie nicht gleichgültig sind, sondern sich wirklich für seine Geschichte interessieren, redet weiter. Und Sie hören weiter zu. Natürlich können Sie nicht ungeschehen machen, was diese persische Familie erlebt hat. Aber Sie können diesem Menschen in seelischem Ausnahmezustand Ihre Aufmerksamkeit schenken. Ihr Dauerdenken stoppt. In diesem Moment sind Sie frei. Frei *von* den eigenen Gedanken. Frei *zu* einem im Ganzen glücklichen, sinnvollen Leben. Frei zu dem, was Sie eigentlich *wollten*, aber nie konnten. An diese Erfahrung können Sie anknüpfen, immer wieder. Jeden Tag.

Vom guten Gebrauch des gesunden Menschenverstands

Wenn Sie sich ausgelaugt fühlen vom kognitiven Streaming, wenn Sie loskommen wollen vom Dauerdenken, empfiehlt sich die Wiederentdeckung des gesunden Menschenverstands – eine großartige Erfindung! Als Teilbereich der klassischen philosophischen Erkenntnistheorie, so die *Shorter Routledge Encyclopedia of Philosophy*, enthält der sogenannte *common sense* praktische Fragen, mit denen sich das eigene Denken kritisch prüfen lässt:

1. Was kann ich wissen?
2. Wie kann ich die vernünftigen von den unvernünftigen Überzeugungen in meinem Hirn unterscheiden?
3. Was kann ich tun, um unvernünftige Überzeugungen über ein bestimmtes Thema/eine bestimmte Situation/einen bestimmten Menschen mit vernünftigen Überzeugungen zu ersetzen?

»Vernünftig« kann alles heißen. So gut wie alle Menschen über zehn halten sich für vernünftig. Was können wir wissen? Wir wissen nur, dass wir sehr wenig wissen. Dass unser Wissen jeden Tag revidiert werden kann. Niemand erfasst die ganze Realität. Niemand kann die Unsicherheit, das Chaos, die Krisen, das Elend in dieser Welt rational denkend unter Kontrolle bringen. Die »vernünftigste« Überzeugung besteht darin, sich nicht allzu lange im eigenen Kopf aufzuhalten – sondern sich *jetzt gleich* der Welt zu öffnen und in Dialog mit ihr zu treten. Das ist der gute Gebrauch des gesunden Menschenverstands.

- Unvernünftig: Ich muss Gutes tun (moralische Versteifung, siehe S. 37).
- Vernünftig: Was kann ich jetzt Gutes tun?

Gute Taten kann man nicht verordnen oder vorschreiben. Man muss sie spontan tun *wollen*. Wenn Sie nach Regeln und Prinzipien verfahren, kippt Ihre ethische Haltung leicht in Selbstgerechtigkeit um. Nicht die Regel entscheidet, sondern *die Situation*. Wen Sie Gutes tun wollen, ist vorausschauendes Dauerdenken fehl am Platz. Sie wissen ja immer erst hinterher, ob Sie richtig gehandelt haben (wenn überhaupt). Wenn Sie Gutes tun, handeln Sie jetzt, *bevor* Sie rational verstanden haben. Aus einer spontanen Emotion, einer Seelenregung heraus. Niemand kann Ihnen garantieren, dass Ihr ethisches Handeln nicht ein Irrtum war (oder unerwünscht). Irrtümer gehören zur Menschlichkeit wie Herz zu Hirn. Menschen machen Fehler. Aber: Sie haben die erstaunliche Fähigkeit, viele ihrer Fehler wiedergutmachen zu wollen. Sie können nicht nur etwas wollen oder nicht wollen. Sie können auch etwas wollen oder nicht wollen *wollen*:

- Ich will nicht mehr »ich muss« denken müssen.
- Ich will weder im Kreis denken müssen noch denken wollen wollen.

– Ich kann nicht nie alles wissen, aber ich kann immer ein Mensch sein wollen wollen.

Zu dieser revolutionären Einsicht gelangte der amerikanische Philosoph Harry G. Frankfurt. Er spricht von »Wünschen erster und zweiter Ordnung«. Wünsche erster Ordnung motivieren uns, etwas zu tun, beziehen sich unmittelbar auf bestimmte Handlungen (rauchen wollen, sich ablenken lassen wollen, denken wollen etc.). Wünsche zweiter Ordnung beziehen sich auf Wünsche erster Ordnung – das heißt, sie geben an, was eine Person aus ihrem freien Willen heraus selbst wirklich, *eigentlich will* (wollen, dass man nicht mehr rauchen/sich ablenken lassen/denken will) – oder eben nicht will. Wünsche zweiter Ordnung geben jedem Menschen Auskunft darüber, was für ihn wirklich zählt. Und was ist das? Ist es nicht immer das Gleiche: Menschlichkeit, Liebe, Gerechtigkeit? »Dinge, bei denen wir nicht umhinkommen, uns um sie zu sorgen und sie für wichtig zu halten«, so Harry G. Frankfurt. Die Rückkehr zum gesunden Menschenverstand geht einher mit der Freude, das zu tun, was man wollen will.

Gerade saßen Sie friedlich im Wohnzimmer auf dem Sofa. Plötzlich reißt Ihr Partner die Tür auf und beginnt wutentbrannt zu schreien. Sie springen vom Sofa auf. Sie versuchen die Sache ganz ruhig zu durchdenken, doch das hilft Ihnen nicht, seine Aktion zu begreifen.

Vermutlich denken Sie um des Denkens willen, das heißt, um die Situation rational zu kontrollieren, versuchen Sie erst Ihren Verstand und dann Ihren Partner davon zu überzeugen, dass Sie keine Schuld an der Sache trifft. Sie denken, dass Sie (nach irgendeiner fragwürdigenden moralischen Regel, die das Dauerdenken in Ihrem Kopf installiert hat) immer recht haben müssen. Dass Sie gleichsam die »Lösung« sind – und Ihr Partner das »Problem«. Genau das ist kognitives Streaming. Fragen Sie sich: »Will ich der Denksucht erliegen oder ein paar wichtige Fragen stellen? Freundlich zuhören oder recht haben? *Was will ich wirklich wollen?*«

Neulich standen Sie in der Schlange vor der Supermarktkasse und hatten es wie immer furchtbar eilig. Hinter Ihnen: ein Mann mit weinendem Kind und prall gefülltem Einkaufswagen. Am liebsten hätten Sie ihn vorgelassen, aber …

Es gibt keine ethische Regel, kein moralisches Prinzip, das besagt, dass Sie jedes Mal, wenn ein Mann mit weinendem Kind hinter Ihnen in einer Schlange steht, diesen Mann vorlassen müssen. Sie können nicht wissen, warum das Kind weint. Kann sein, dass es Bauchschmerzen hat. Kann aber auch sein, dass es weint, weil es unbedingt zum Keksregal zurückwill. Nicht die Regel entscheidet, sondern die Situation. Versuchen Sie Mann und Kind mit Ihrem Herzen zu sehen – und dann schalten Sie Ihren gesunden Menschenverstand ein: »Ich bin davon überzeugt, meinen Zeitplan einhalten zu müssen. Genauso bin ich aber auch überzeugt, dass es gut wäre, mir Zeit für ein wenig Freundlichkeit zu nehmen. Welche Überzeugung ist vernünftig, welche unvernünftig – vom Standpunkt des langsamen Glücks, des guten, sinnvollen Lebens aus betrachtet?«

Sie sind ein prinzipientreuer Mensch und halten viel davon, die Dinge rational zu betrachten. Also neigen Sie dazu, ständig zu denken: »Ich muss Gutes tun.« Sie fühlen sich unter ethischem Zugzwang, andere anzulächeln und ihnen jeden Wunsch von den Lippen abzulesen.

Könnte es sein, dass Sie Note 1 in »Edelmut« und »Zivilcourage« anstreben und wenn ja, ist es das, was Sie wollen wollen? »Handle nur nach der Maxime, durch die du zugleich wollen kannst, dass sie ein allgemeines Gesetz werde«, schrieb Immanuel Kant (→ 1). Man könnte folgern: »Immer, wenn ich einen Menschen erblicke, muss ich ihm Gutes tun.« So zu denken kann nicht »gut« gehen. Wenn Sie jetzt Gutes tun, handeln Sie nie aus einer unparteilichen Perspektive (wie Kant meinte), sondern aus Ihrer subjektiv-menschlichen Perspektive heraus. Der reine Intellekt macht blind. Er verdunkelt, statt zu erhellen. Ihre Prinzipientreue in allen Ehren: Moralische Versteifung nach Vorschrift ist unmenschlich. Erst recht, wenn sie aus einer freiwilligen Selbstverpflichtung resultiert, die auf Selbstgerechtigkeit fußt – oder auf fragwürdigen Normen. Halten Sie sich das Extrembeispiel vor Augen: Wenn Adolf Eichmann, der für die Ermordung von Millionen Menschen mitverantwortlich war, dies mit dem »kantischen Pflichtbegriff« legitimierte, wie Hannah Arendt in *Die Banalität des Bösen* zeigt, was zählen dann ethische Theorien, Regeln, Gesetze des »Guten«? Sie *müssen* nicht Gutes tun. Sie müssen weder Mutter Teresa noch Gandhi sein. Sie müssen weder der Selbstgerechtigkeit noch der Selbstaufopferung verfallen. Sie sind gut, wenn Sie einfach dem folgen, was Sie wollen wollen. Ohne Zwang, ohne Pflicht. In Freiheit.

3

DAS GROSSE RAUSCHEN:

Warum Panik nichts bringt

Es macht sich in schlaflosen Nächten bemerkbar, und man kann es hören, sobald man morgens aus dem Bett steigt: das große Rauschen. Es ist dominant wie ein Tinnitus, tosend wie die Niagarafälle – und es ist überall. In der Küche, im Wohnzimmer, im Büro. Es rauscht aus Computern und Smartphones. Gigantische Landungen Worte, Töne, Fotos, Videos von nah und fern sausen sekündlich aus allen Richtungen auf uns zu und an uns vorbei, und wir vibrieren vor lauter Getöse. Schon lange nicht mehr leben wir in Höhlen. Wir leben im Informationszeitalter, mitten im reißenden Fluss der Aktualitäten, die alle Aufmerksamkeit für sich beanspruchen:

- das Rauschen der Nachrichten
- das Rauschen der Bilder
- das Rauschen der Meinungen
- das Rauschen der Widersprüche

Seit der Griff zum Handy, E-Mails, soziale Medien, Whatsapp und Podcasts so alltäglich wurden, seit sich öffentlich und privat, subjektiv und objektiv nicht mehr so leicht trennen lassen, wird das Rauschen des Informationsflusses immer noch lauter und schneller. Und Sie versuchen mitzuschwimmen. Sie bemühen sich, nicht den Halt zu verlieren, Haltung zu bewahren, souverän Ihrer Wege zu gehen. Ein guter, glücklicher Mensch zu sein. Sie möchten dem unbegrenzten Input an Aktualitäten Grenzen setzen. »Ich schalte jetzt mal ab«, sagen Sie sich, aktivieren eine Abwesenheitsnotiz und weisen die elektronischen Geräte dramatisch-entschlossen von sich. Bis der Urlaub vorbei ist oder solange Sie es sich eben leisten können abzutauchen.

Das große Rauschen ist der wichtigste Verbündete des Dauerdenkens (→ 2). Es schiebt sich wie eine Barriere vor das wirkliche Leben und kann Sie derart in den Bann schlagen, dass Ihnen die Haltung wegdriftet. Mit den vielen Worten, Tönen, Fotos, Videos rauscht auch das langsame Glück an Ihnen vorbei. Sie wollen einen Freund anrufen, der sich mies fühlt und – *Klatsch* – erfasst Sie eine neue Welle von Nachrichten und Bildern, Meinungen und Gegenmeinungen, Gelächter und Wutausbrüchen. Sie beginnen zu wanken, lassen sich irritieren und fortreißen von Stimmungen und Atmosphären. Oder Sie versuchen selbst, ein paar kleinere Strudel zu erzeugen inmitten der vielen Stimmen: Sie sagen, wie *Sie* die Sache sehen. Im besten Fall finden Sie Gehör, und es entsteht ein Dialog, eine echte Begegnung (→ 4). Schlimmstenfalls ernten Sie hasserfüllten Widerspruch oder, mindestens genauso schlimm, Gleichgültigkeit.

Zwar resultiert das große Rauschen aus immer neuen und anderen Wellenbewegungen – doch ist es erstaunlich monoton. Egal, an welcher Stelle des Flusses man sich befindet, man wird von Variationen des immer Gleichen und Altbekannten umspült: die Klimakrise, die Krise der Demokratie, die Migrationskrise, die Wirtschaftskrise, die Regierungskrise.

Und so weiter. In den unbegrenzten Fluten treibt viel Angst und wenig Zuversicht. Da es keinen allseits anerkannten Aufseher, keine gerechte Herrscherin über das große Rauschen gibt, ist jeder selbst verantwortlich für sein seelisches Gleichgewicht.

Wenn Sie dem Rauschen keine Grenzen setzen, fühlen Sie sich bald alleingelassen. Überschwemmt von Gefühlen der Angst, Unfreiheit und Bedrohung. Vor lauter Nachrichten, Bildern, Meinungen, Widersprüchen können Sie Ihr Vertrauen (→ 19) in die Möglichkeit zwischenmenschlicher Verständigung verlieren. Aber: Die Verständigung kann wiederhergestellt werden. An einer Tankstelle oder in einer Zoohandlung, beim Metzger oder im Nagelstudio. Kürzlich unterhielt ich mich mit einer Friseurin, die, wie sich herausstellte, zur selben Zeit wie ich Anfang der 1990er-Jahre in Berlin-Kreuzberg gelebt hatte. Vor dem Friseurspiegel teilten wir Erinnerungen an die damalige Mischung aus Döner-Läden, Flohmärkten und Punks, redeten über Iggy Pop und David Bowie und lachten – und plötzlich schwieg die Frau. Nachdenklich bürstete sie mir eine Strähne aus dem Gesicht und meinte, dass heute ja alles ganz anders sei. Sie habe jetzt Angst, ihre Meinung zu sagen. »Warum?«, fragte ich. Sie blickte nachdenklich in den Spiegel. Gewisse Dinge dürfe man eben nicht mehr sagen, meinte sie, und: »Das ist nicht mehr meine Welt. Früher war ich links, jetzt eher rechts.«

Bemerkenswert an unserem Gespräch war nicht die politische Neuorientierung der Frau, sondern dass sie, obwohl sie Angst hatte, ihre Meinung frei zu äußern, immerhin genug Vertrauen hatte, mir genau das zu sagen. Zwei Menschen unterhalten sich. Abwechselnd redet erst der eine, dann der andere, und während der eine Mensch redet, hört der andere zu. Plötzlich ist die Barriere weg, das Rauschen versiegt. So simpel ist das. Es ist nicht wahr, dass man gewisse Dinge nicht mehr sagen darf. Wahr ist dagegen, dass der rauschende Informationsfluss den direkten Mensch-zu-Mensch-Kontakt permanent überdröhnt, überlagert, überformt. Im großen Rauschen treibt eine Menge Ideologie. Die vielen Nachrichten und Bilder, die täglich auf uns einströmen, sind voll davon. Ideologie tut gern so, als wäre sie eine gute Idee – dabei besteht zwischen beiden ein krasser Unterschied:

Idee = ein besonderer Einfall, ein Gedanke, der Neues in die Welt bringen kann; manchmal auch ein Ideal, an dem man sich orientieren kann.
Ideologie = eine allgemeine Vorstellung von »der« Welt, »den« anderen und »der« Wahrheit, die »subjektiv« und »objektiv« in einen Topf kippt, verrührt und einen Brei produziert, in dem alte Machtansprüche treiben.

Ideologisch sind immer nur die anderen – Sie und ich sind selbstverständlich frei davon. Falsch. Eine Ideologie erkennen Sie nicht daran, dass Sie – »wir« – ihr *nicht* anhängen. Und auch nicht daran, dass sie völlig verkehrt, illusionär oder dumm wäre. Das Markenzeichen einer Ideologie ist, dass sie eindeutige Antworten gibt, die immer schon von vornherein feststehen. Sehr häufig auf die Frage, wer Täter und wer Opfer ist.

- Ich bin das Opfer, nicht du.
- Da ich das Opfer bin, bist du der Täter.
- Da ich das Opfer bin, habe ich recht.

In der multimedial durchrauschten Demokratie, wo Aufmerksamkeit als höchste Währung gehandelt wird, werden nicht selten einzelne lokale Ereignisse zitiert, um eine bestimmte moralischen Ideologie zu bestätigen. Wenn etwa ein Mensch in Bonn aufgrund seiner Hautfarbe keinen Mietvertrag kriegt, hat dies wahrscheinlich rassistische Gründe. Was noch lange nicht beweist, dass die gesamte Gruppe Bonner Vermieterinnen und Vermieter rassistisch und/oder jede/jeder einzelne Biodeutsche Teil des systemischen Rassismus ist. Deutlich komplizierter wird es, wenn ähnliche Ereignisse an mehreren Orten gleichzeitig stattfinden, was die Beweiskraft für eine allgemeine »Wahrheit« zu erhöhen scheint.

In der Silvesternacht 2022/23 kam es in Berlin, Hagen, Düsseldorf, Bochum, Leipzig, Hamburg und Stuttgart zu extrem brutalen Ausschreitungen. Das Ausmaß der Gewalt besonders in Berlin machte fassungslos. Allerorts waren es nach offiziellen Angaben vor allem »junge Männer«, die Polizisten und Feuerwehrleute attackierten und teils schwer verletzten. Am nächsten Tag schallten die Meinungen der Experten und Expertinnen durchs große Rauschen. Am 2. Januar kam dann in den *Tagesthemen* ein Kriminologe zu Wort. Er diagnostizierte »mehr Brutalität in der Gesellschaft«, die sich »negativ« verändert habe, und sprach von sich »abgehängt« fühlenden Jugendlichen vielfach aus »randständigen« Bereichen. Sind also solche Jungs die Täter und »die« Gesellschaft, die durch deren Gewalt zunehmend verroht, das Opfer? Und wenn die Täter der Silvesternacht überwiegend »Migranten« waren, wie ein Feuerwehrmann in der *Abendschau* des RBB sagte – sind es dann auch Migranten, die »unsere« Gesellschaft zunehmend verrohen lassen?

Alles, was rund um dieses Thema öffentlich gesagt wurde und wird, ist nicht ganz falsch. Aber gefährlich allgemein. Abstrakte Formulierungen wie »mehr Brutalität in der Gesellschaft« helfen nicht, die Angst zu lindern und Menschen miteinander zu verbinden. Sie verbreiten keine Zuversicht, im Gegenteil, sie bestätigen Vorurteile gegenüber *jeglichem* Menschen, den man in der Gruppe der Täter vermutet. Und sie verstärken ein ideologisches System, das immer schon weiß, wer Opfer und Täter ist. Bereits 1972 prägte der südafrikanische Soziologe Stanley Cohen (1942–2013) den Begriff der »moralischen Panik«: »Ein Zustand, eine Episode, eine Person oder eine Gruppe von Personen wird als Bedrohung gesellschaftlicher Werte und Interessen definiert; die Natur dieser Bedrohung wird von den Massenmedien stilisiert und stereotyp dargestellt: die moralischen Barrikaden werden von Redakteuren, Bischöfen, Politikern und anderen rechtschaffenen Menschen besetzt; gesellschaftlich anerkannte Experten sprechen ihre Diagnosen und Lösungen aus.«

»Moralische Unternehmer« (»moral entrepreneurs«) nennt Cohen Experten, die einerseits nach mehr Gefahrenkontrolle rufen – andererseits aber dazu beitragen, die Angst vor Kontrollverlust zu schüren. Was 1972 galt, gilt auch 2023. Allerdings treten in heutigen Medien nicht nur Fachleute als »Experten« auf, sondern auch die, die Gefahr und Kontrollverlust selbst erlebten. Was die Sache nicht unbedingt transparenter macht, im Gegenteil. Wenn Sie eine Talkshow sehen, in der erst ein Mensch spricht, der seelische Verletzungen erlitt und dann eine Psychologin über psychische Traumata referiert, kann sich in Ihrer Wahrnehmung Subjektives (Erlebtes) und Objektives (Erforschtes) leicht vermischen. Das gilt erst recht für das mittelmäßig konzentrierte Publikum insgesamt. Die Emotionen kochen hoch, die moralische Panik steigt. Egal, ob sie von rechts oder links kommt, »Woken« oder »Autoritären«, man fühlt sich beim Zuschauen durch die ganze Emotionalisierung so, als ginge es um das eigene Leben. Das Drama der Aktualitäten folgt einem starren Schema:

1. *Akt:* Jemand schildert seine Geschichte, die mit Gewalt, Verletzung, Ungerechtigkeit zu tun hat und daher für große Aufmerksamkeit sorgt, vielleicht sogar »viral geht«.
2. *Akt:* Expertinnen und Experten kommentieren, diagnostizieren, ordnen ein.
3. *Akt:* Da Sendezeit und Aufmerksamkeitsspanne gleichermaßen knapp sind, wird die Wahrheit des Einzelfalls, der Einzelmeinung, des persönlichen Erlebnisses zu einer allgemeinen »Wahrheit« vergrößert, die viel zu einfache, *tendenziell ideologische* Antworten auf eine komplexe Faktenlage gibt.

Wie kann man das große Rauschen beenden, in dem so viel Ideologie, Angst und Panik stecken? In jener Nachrichtensendung Anfang 2023 gab der befragte Kriminologe eine einfache – und zugleich vielsagende – Antwort: »Ich denke, wir müssen sehr genau hinschauen und unter Umständen auch mit diesen jungen Menschen reden.« Unter Umständen? Auch? Reden? *Mit* den anderen (statt *über* sie)? Klingt toll. Warum tun wir es dann nicht öfter?

Die moralische Panik, die aus dem großen Rauschen resultiert, macht echte, direkte Begegnungen (→ 4) schwieriger. Man vergisst die Empathie, verliert sich aus den Augen. Jeder Mensch hat Angst. Es ist normal, Angst vor Gewalt, Krieg, Armut, Einsamkeit und Tod zu haben. Weniger normal sollte es sein, Angst vor den anderen zu haben, die genauso fehleranfällig und liebesbedürftig sind wie man selbst. Eine menschliche Gesellschaft besteht aus Individuen unterschiedlichster Haar-, Haut-, Augenfarben und Gewichtsklassen mit oft sehr widersprüchlichen Ideen und Meinungen. Jeder Mensch ist einzigartig, jedes Leben besitzt eine unantastbare Würde, inklusive das »randständigste«. Eine Gesellschaft, deren Mitglieder diese Basics der Humanität vor lauter Rauschen vergessen und nach und nach verlernen, jenseits aller Unterschiede und Widersprüche im Alltag konkret und unideologisch miteinander umzugehen, verliert ihr Herz.

Jemand hat Ihrem Auto eine Delle zugefügt? Einer hat Sie beleidigt? Eine andere stellte Sie vor den Augen Dritter bloß? Falls Sie emotional reagieren – nur allzu verständlich. Leider bringt es Ihnen nichts, sich über Gebühr von Gemeinheiten, Wut und Hass beeindrucken zu lassen – außer, dass Sie jetzt (wieder mal) wissen, wer das Opfer und wer der Täter. Am besten, Sie betrachten solche Regungen und Verhaltensweisen schlicht als verpasste humane Möglichkeiten, als *nicht ausgeübte positive menschliche Fähigkeiten.* Als Negativfolie dessen, wozu jeder Mensch im Positiven fähig sein könnte, wie die Philosophin Mary Midgley (1919–2018) meint:

- Was so ist, könnte auch ganz anders sein.
- Was mir so erscheint, kann ich jetzt ändern.
- Ich kann Wut und Angst in Freundlichkeit verwandeln.
- Nicht weil ich zaubern kann.
- Weil ich ein Mensch bin.
- Weil ich die Fähigkeit dazu habe.

Der unspektakuläre, ganz konkrete Alltag ist jetzt, egal, wo Sie sich befinden. In dem Moment, in dem Sie spontan und ohne besonderen Anlass freundlich sind, vergessen Sie alle Angst und Panik. Und Sie entdecken Ihre Freiheit ganz neu. Unvermittelt. Als *freie ethische Selbstentfaltung*, die Sie sein lässt, was Sie sein wollen wollen (→ 2): kein bornierter Mensch, sondern ein Mensch, der sich und andere immer wieder überrascht, weil er Lust auf neue Begegnungen hat, weil er frei sein will, weil es ihn glücklich macht, weil es leicht ist – und weil er im Übrigen auch das Recht dazu hat: »Jeder hat das Recht auf die freie Entfaltung seiner Persönlichkeit, soweit er nicht die Rechte anderer verletzt und nicht gegen die verfassungsmäßige Ordnung oder das Sittengesetz verstößt« (Grundgesetz, Artikel 2).

Neulich waren Sie auf einer Party, wo alle, die mit Sektglas und Häppchen neben Ihnen standen, über Robert Habeck lästerten. »Also ich finde den Vizekanzler super«, sagten Sie freundlich. Gerne hätten Sie Gelegenheit bekommen, Ihre Meinung ruhig und sachlich zu begründen – wenn Sie nicht gleich irritierte Blicke, betretenes Schweigen und sarkastische Gegenmeinung kassiert hätten.

Völlig verständlich, dass Sie aufgrund solcher Erfahrungen lieber nicht mehr sagen, was Sie eigentlich sagen wollen.

Sie haben genug von der Gemeinheit oder Gleichgültigkeit anderer, keine Lust mehr zu argumentieren und zu streiten. Doch was wäre, wenn Sie deshalb Ihre Freundlichkeit ad acta legten? Wo bliebe Ihre ethische Selbstentfaltung? Sie blieben in Ihrem eigenen seelischen Gehäuse eingeschlossen. Sie würden sich auf innere Monologe beschränken, die Ihre Theorien über bestimmte Leute nur bestätigen würden. Und damit Ihre Angst vor weiteren unangenehmen Begegnungen. Das macht keinen Sinn. So würden Sie sich und anderen bloß den Weg zum langsamen Glück versperren, zu einem guten, sinnvollen Leben. Letztlich gibt es nur eines, wovor Angst zu haben sich lohnt. Ein Leben, das ohne das winzigste Lächeln vorbeirauscht.

Sie sind überzeugte Feministin und engagieren sich gegen die Ideologie des Patriarchats. Neben Ihrem Job organisieren Sie etliche Podiumsdiskussionen, um tollen Frauen mehr Sichtbarkeit zu verleihen.

Wenn Sie benachteiligten oder gar missbrauchten Frauen helfen, eine Stimme zu haben und sich mit ihrer Stimme mehr Respekt und Anerkennung in der Gesellschaft zu verschaffen, tun Sie viel Gutes. Seien Sie sich dennoch dessen bewusst, dass alle Menschen viele Seiten haben, die sie nie zur gleichen Zeit, sondern in unterschiedlichen Situationen gegenüber unterschiedlichen Leuten zeigen. Ihre guten und schlechten, dummen und klugen, witzigen und langweiligen, brutalen und freundlichen Seiten. Niemand ist nur »toll« oder nur »mies«. Die Rede von den »tollen Frauen« ist eine ideologische Verallgemeinerung genauso wie die Aufregung über die »Ideologie des Patriarchats«. Beide Formulierungen stammen nicht aus der Feder des gesunden Menschenverstandes. Sie sind wichtigtuerische Wellen im großen dunklen Rauschen, die werden und wieder vergehen. Gutes entsteht im direkten Umgang mit einzelnen Menschen, nicht der Gruppe, die er repräsentiert. Jeder alte Macho hat die Fähigkeit, sich zu ändern, dazuzulernen, bisher verpasste menschliche Möglichkeiten zu realisieren – und eine Frau plötzlich respektvoll zu behandeln. Es muss nicht sein, aber es ist möglich. Jeder hat eine Chance verdient. Oder?

Sie finden, dass die Schwarz-Weiß-Einteilung einer Gesellschaft in Opfer und Täter verfehlt ist und man Männer mit Migrationshintergrund nicht vorschnell abstempeln sollte. Allerdings ist Ihnen sehr wohl klar, dass Menschen zu allen Zeiten und an allen Orten auch zu den schlimmsten Grausamkeiten fähig sind, dass sie einander hassen, verletzen, vergewaltigen, töten. Sie fragen sich, ob man beispielsweise Straftaten von männlichen Geflüchteten um der »politischen Korrektheit« willen bagatellisieren darf.

Nein. Die juristische Aufklärung von Einzelereignissen ist und bleibt jenseits aller Ideologie dringend nötig. Es ist nötig, Täter zu bestrafen. Aber Sie haben natürlich recht, wenn Sie sich gegen rassistische Verallgemeinerungen und pauschale Schuldzuschreibungen wehren. Wenn Sie selbst jenseits aller notwendigen Aufklärung aber auch der Banalität des Bösen etwas entgegenhalten wollen, geben Sie anderen ein Beispiel, was es heißt, die ethische Dimension Ihrer Freiheit entdeckt zu haben und offen auf andere zuzugehen.

4

DER ANDERE MENSCH:

Drei Einsichten über Beziehungen

Ein Interrail-Ticket inkludiert 40 000 potenzielle Zielbahnhöfe – macht Tausende mögliche Begegnungen und Erlebnisse. Mit dem Leben ist es ähnlich. Mit Ihrer Geburt lösen Sie automatisch ein Ticket, das bis zu Ihrem Tod seine Gültigkeit behält (vielleicht gilt es sogar darüber hinaus …). Egal, wo Sie sich gerade befinden, egal, was Sie momentan tun, befinden Sie sich auf irgendeiner Hin- oder Rückreise – mit, von, zu anderen Menschen. Denn stets existieren Sie in Beziehung zu diesen anderen. Sie gehen, fahren, fliegen zu ihnen, weil Sie sie treffen wollen, sollen, müssen – oder die anderen kommen zu Ihnen. Oft begegnen Sie Leuten ungeplant: bei der Arbeit, im Waschsalon, am Telefon, am Ende einer Warteschleife. Mal bleibt es beim einmaligen Kontakt, mal gibt es ein Wiedersehen, dann wieder entsteht eine dauerhafte Verbindung. Beziehungen beginnen und enden, schlafen ein und werden neu belebt. »Alles wirkliche Leben ist Begegnung«, schrieb der Religionsphilosoph Martin Buber (1878–1965).

Beziehungen verwandeln die abstrakten Kategorien Raum und Zeit in lieb gewonnene oder verhasste Erinnerungen. Je nachdem, wo Ihr »Ich« sich wann befand und in welcher Verfassung. Das Unterwegssein zu anderen, das Einanderbegegnen hört nie auf. Denn Sie kennen diese anderen ja nie vollständig. Ich kenne Sie nicht, Sie mich nicht. Selbst wenn wir Tür an Tür wohnten und uns duzten. Obwohl wir beide deutsch sprechen. »Du« ist nicht »Ich«, »Sie« ist immer eine andere/ ein anderer. Nichts ist so unmöglich, wie sein Gegenüber völlig zu verstehen. Sie glauben, Ihr Partner sei Ihnen vertraut wie Ihre Westentasche? Täuschen Sie sich nicht. Er oder sie könnte morgen ein Fremder / eine Fremde für Sie sein …

»Alles wirkliche Leben ist Begegnung«, schrieb Buber. Leicht gesagt! Zu Bubers Zeit gab es kein Internet. Heute, da sich das Leben auch in digitalen Räumen abspielt, werden Beziehungen scheinbar immer virtueller. Wie wirklich ist die Realität? Wie real sind die Beziehungen, die Ihr Profil auf Tinder oder Instagram mit anderen unterhält? Seit 2015 existiert die Person Rebekka Reinhard als virtuelle Doublette auf Instagram. So lange »folgt« mein heute achtjähriges Double auch schon dem einer New Yorker Innenarchitektin. Oft quittiere ich einen »ihrer« Posts mit einem Herzchen. Als Covid-19 New York 2020 in einen Ausnahmezustand versetzt hatte, schickte ich »ihr« kurze Botschaften, um Mitgefühl zu signalisieren – und »sie« schrieb relativ »persönlich« zurück. Am 1. Januar 2023 wünschten »wir uns« ein gutes neues Jahr. Sind wir damit auch als reale Personen und über Kontinente hinweg in einer Beziehung miteinander verbunden? Oder ist das alles nur Heuchelei?

Seit mein, Ihr, unser aller »Ich« aber nicht nur als reale Person, sondern auch in Gestalt digitaler Profile Beziehungsnetze spannt, haben sich die Qualitäten des Zwischenmenschlichen verändert. Dank der technischen Möglichkeiten, die unsere Verhaltensmuster innerhalb wie außerhalb des »Netzes« beeinflussen, gibt es neben Begegnungen nun vermehrt bloße *Interaktionen.* Eine Begegnung ist lebendig, eine Interaktion ziemlich starr. Aus Begegnungen können geschäftliche, freundschaftliche, amouröse Beziehungen werden, die entscheidend sind für ein gutes, glückliches, sinnvolles Leben. Weil sie Menschen miteinander verbinden, *ohne* ihnen ihre Freiheit, Einzigartigkeit und Lebendigkeit zu nehmen. Interaktionen dagegen sind Fake-Begegnungen. Langweilige, quasitechnische Vorgänge, die sich immer gleich oder ähnlich wiederholen, ob digital oder analog. Wie wenn Sie zum x-ten Mal beim Bäcker ein Nusshörnchen kaufen, bezahlen und wieder gehen – ohne wirklich das Gesicht des Verkäufers zu registrieren (oder war es das einer Verkäuferin?).

Rebekka Reinhard, geboren 1972 in München, existiert an mehreren Orten gleichzeitig. Einmal in der banalen Realität, wo es etwa schwere Ziegelsteine gibt, die ihr plötzlich auf den Kopf fallen können – und gleich mehrfach in bestimmten digitalen Zonen. Es gibt mein Ich, das soeben »Ich« getippt hat, und es gibt mein »Ich«, das auf der Plattform LinkedIn gerade eine Nachricht empfängt. Es gibt das Ich der realen Person, und es gibt diverse Kopien in unterschiedlichen virtuellen Aggregatzuständen. Die Rebekka Reinhard auf LinkedIn wirkt »flüssiger« als die eher »feste« Erscheinung, die gestern an einem Videocall teilnahm. So oder so sind »meine« Kopien etwas anderes als mein Original-»Ich«, das geboren wurde und sterben wird. Kopien sind nicht begegnungsfähig. Aber: Es ist sehr wohl möglich, dass aus den Pseudo-Begegnungen virtueller Doubles echte Beziehungen werden.

Es kommt aufs Aufmerksamkeitsniveau an. Mittelmäßige Konzentration bringt nichts. Sobald Sie nur halb oder gar nicht zuhören, hinschauen, wird die Verbindung, aus der eine Beziehung entsteht, getrennt. Die Ablenkung kann von innen heraus durch Gedanken erfolgen oder von außen durch einen Anruf, das Geräusch eines Laubbläsers oder ein TikTok-Video. Oder aber Sie erliegen der perfidesten aller Zerstreuungen: Sie schauen »schnell mal« nach, welche Reaktionen Ihr Social-Media-Double auf seinen neuesten Post gekriegt hat. Solange Sie im Bann Ihrer virtuellen Spiegelungen stehen – »Wie komme ich rüber? Was habe ich gesagt, getextet, und was sagen die anderen?« – sind nur Interaktionen, aber keine Begegnungen möglich.

Im Internetzeitalter scheint die Aufmerksamkeit, die man von anderen bekommt, die allerknappste Ressource zu sein. Der amerikanische Philosoph und Ex-Google-Stratege James Williams macht die Überredungskünste digitaler Designs verantwortlich. Überall geht es um »Engagement« im Sinne einer möglichst dauerhaften Interaktion von Usern mit elektronischen Geräten und Websites. Was rein gar nichts mit ethischem Engagement zu tun hat. Dafür bräuchte es Konzentrationsfähigkeit (→ 1) – Williams unterscheidet drei Formen:

Spotlight versetzt Sie in die Lage, Spaghetti aus der Packung zu schütteln und zu kochen.
Starlight befähigt Sie dazu, ein guter Erziehungsberechtigter, eine erfolgreiche Mitarbeiterin zu sein.
Daylight Ihre Konzentrationsfähigkeit als Basis dessen, was Sie überhaupt in Ihrem Leben wollen *wollen.*

Gerade das *Daylight* des modernen Menschen scheint zunehmend getrübt. Sind alle Opfer der Aufmerksamkeitsökonomie raffiniert programmierter Plattformen, leiden alle an FOMO (»fear of missing out«) – müssen, *wollen* alle daran leiden müssen? Man *will* Spaghetti kochen, *muss* aber erst mal seinen Facebook-Stream checken. Dann checkt man die Posts auf Instagram, und zwischendurch checkt man ein, zwei aufpoppende Schnäppchenangebote. Man will sich auf einen einzigen Vorgang, einen einzigen Bildschirm, eine einzige Person konzentrieren und kann es nicht. Sind die großen Tech-Konzerne und ihre Algorithmen schuld daran, dass man den Fokus, die Gegenwärtigkeit verliert, sich nicht einlassen kann, weder auf die Spaghetti noch auf andere Menschen? Noch auf sich selbst?

1. Einsicht: Jede Begegnung zählt, wenn Sie ihr Aufmerksamkeit schenken.

Sie müssen voll *da* sein, um anderen wirklich begegnen zu können. Entscheidend ist nicht der (analoge oder virtuelle) Ort. Durch wöchentliche Zoom-Schaltungen etwa können Sie lebendige Verbindungen zu anderen aufbauen, wenn Ihre reale Person und die Person am anderen Ende der Schaltung in Resonanz zueinander treten. »Resonanz ist die Grundsehnsucht nach einer Welt, die einem antwortet«, so der Soziologe Hartmut Rosa (* 1965) in einem Interview mit dem *SPIEGEL*. Laut Rosa hängt eine gute, glückliche, sinnvolle Existenz davon ab, ob man den Einklang von Körper und Seele bzw. Mensch und Umwelt *er-lebt*. Eine solche Resonanz kriegen und erzeugen Sie nicht nur unter analogen Bedingungen, sondern auch digital. Als würden Ihre Person und die des/der anderen in 3-D durch die Verpixelung schimmern. Ob analog oder virtuell: Anderen Menschen zu begegnen, sie zu sehen, zu hören, zu spüren, kann schön oder schrecklich, inspirierend oder langweilig sein. Unwichtig sind Begegnungen nie. Denn jede erzählt Ihnen eine andere Geschichte über Sie selbst, jede zeigt Ihnen einen anderen Ausschnitt der Welt.

2. Einsicht: Jede gute Beziehung beginnt bei Ihnen selbst.
Wenn Sie keine wertschätzende Beziehung zu sich selbst pflegen, können Sie anderen nicht als Mensch begegnen. Nur wenn Sie zu sich selbst freundlich sind, können Sie anderen ein authentisches Lächeln schenken. Gefakte Freundlichkeit macht die Welt nicht besser. Gestohlenes, abgeschautes, unmotiviertes Grinsen braucht kein Mensch. Wenn Sie ab morgen eine freundliche, wertschätzende Haltung auch sich selbst gegenüber pflegen wollen, brauchen Sie vielleicht einen Grund. Vielleicht haben Sie jemanden beleidigt und schämen sich. Oder Sie ärgern sich über sich selbst. Warum eigentlich? Auf Ihrer Interrail-Tour durchs Leben treffen Sie laufend Leute, die ethisch genauso unvollkommen sind wie Sie. Die wie Sie immer wieder vor einem Neuanfang stehen. Die wie Sie und ich spüren, ahnen, wissen, dass es sinnvoll ist, Lebenszeit nicht hirn- und herzlos zu verschwenden. Weil jede Reise jeden Augenblick enden kann.

3. Einsicht: Liebe ist grenzenlos, nicht bedingungslos.
Wohin Ihre Lebensreise Sie auch führt, an einen Ort wollen Sie immer wieder zurück. Dorthin, wo es das freiste, lebendigste, magischste Verbundensein gibt – Liebe. Ein Ort, an dem Sie leider auch sehr unangenehme Überraschungen erleben können. Denn nicht jede Liebesbeziehung verläuft so, wie Sie es sich vorstellen. Am besten, Sie stellen sich so wenig wie möglich vor. Wenn alle guten Beziehungen bei Ihnen

selbst beginnen, dann auch gelingende Liebesbeziehungen. Eine gute Liebesbeziehung ist unkompliziert. Sie tragen zu dieser Unkompliziertheit bei, indem Sie sich nicht nur Ihrem Partner oder Ihren Kindern, sondern jedem Menschen gegenüber so verhalten, als seien Sie für sein Wohlbefinden verantwortlich. Auch dann, wenn jemand eine andere Wellenlänge und völlig andere Werte hat als Sie. Sich unbedingt, jetzt in diesem Augenblick, wertschätzend zu verhalten, heißt nicht, dass Sie jeden Menschen bedingungslos lieben müssen. Denken Sie immer daran: Weder sind Sie der Papst noch Gott, und Sie brauchen auch nicht Mutter Teresa zu geben. Sie können sich weigern, Kim Jong-un in Ihre Gebete einzuschließen – und trotzdem ein liebesfähiger, liebeswilliger Mensch sein. Wenn Liebe für Sie auch Menschenliebe bedeutet, haben Sie ganz automatisch viele gute Liebesbeziehungen. Liebe hat keine Grenzen. Sie wirkt hier und über Ihren Tod hinaus (→ 17). Und sie beginnt – wie alles Gute – sehr oft ganz klein: mit einem Lächeln.

Von der Kostbarkeit des Lebens

»In den letzten Tagen gelang es mir, mein Leben wie aus großer Höhe zu betrachten, als eine Art Landschaft. Und mit einem vertieften Empfinden zwischen allen Teilen«, so der Neurologe Oliver Sacks (1933–2015) kurz vor seinem Tod. Endlichkeitsbewusstsein schärft die Konzentration. *Spotlight*, *Starlight* und *Daylight* werden zu einem einzigen Lichtstrahl, der alles Denken, Fühlen und Handeln, alle Erinnerungen und Pläne auf das Wesentliche fokussiert, was intensivste Beziehungen ermöglicht. Egal, ob analog oder digital. Als Oliver Sacks das schreibt, ist er unheilbar an Krebs erkrankt. Er schreibt in jedem Moment, in dem er die Kraft dazu hat. Er will sich weiter mit Mensch und Welt verbunden fühlen, er braucht ihre Resonanz. Er will seine Gedanken und Gefühle an andere weitergeben, damit die Verbindung nicht reißt. Er hat sein Reiseziel noch nicht erreicht, will noch weiter, noch einen Tag erleben, noch mal Neues erfahren und entdecken. Für Sacks, der seine Lebensreise auch unter schwersten Bedingungen fortsetzt, gibt es Tage, an denen er fast verzweifelt, wie er schreibt. Aber es gibt andere, an denen seine Liebe zum Leben überwiegt.

Vielleicht sind Sie selbst gerade sehr krank und verzweifeln vielleicht daran, was Sie alles nicht (mehr) können (zum Beispiel allein aufstehen, den Arm heben, die Treppe runtergehen und eine Zeitung kaufen). Wenn es Ihnen gelingt, die Perspektive zu wechseln, *zu sehen und wertzuschätzen*, was Sie alles können und immer noch können, ändert sich alles. Die Fahrt geht weiter, im Vertrauen darauf, dass sich trotz aller Hindernisse weiter Gutes aus Ihren Beziehungen – und dem Leben überhaupt – schöpfen lässt. Oliver Sacks ist ein Vorbild (nicht nur) für andere Schwerkranke. Sacks fühlt sich anderen nicht nur verbunden – er ist es auch. Indem er sich öffnet, den Dialog mit der Welt fortführt, indem er immer weiterschreibt. Die Bereitschaft, sich zu öffnen und zu lieben – egal, wen oder was, egal, was ist und was kommt – ist eine der wichtigsten menschlichen Fähigkeiten.

Sie sind überhaupt nicht krank, sondern fühlen sich sogar sehr fit. Ihr Problem ist nur: Sie können sich selbst nicht aushalten. Ständig gehen Sie sich auf die Nerven. Wenn Sie mal wieder achtlos Ihren Kaffee verschüttet haben, kriegen Sie einen Wutanfall.

Laut der Philosophin Mary Midgley sind Regungen wie Wut schlicht verpasste humane Möglichkeiten, nicht ausgeübte positive menschliche Fähigkeiten (→ 3). Versuchen Sie, Ihre Wut nicht als »So bin ich halt!«, sondern als Negativfolie dessen zu sehen, *wozu Sie im Positiven fähig sind*: einer wertschätzend-freundlichen Haltung im Umgang mit sich selbst. Das nächste Mal, wenn Sie Kaffee verschüttet haben, hauen Sie nicht gleich auf den Tisch. Lächeln Sie lieber. Ein Lächeln, das Ihrem Menschsein gilt, mit all seinen Nachteilen. Und Vorteilen.

In Ihrem Job haben Sie mit tausend verschiedenen Leuten zu tun, ein Videocall jagt den nächsten, und abends müssen Sie oft noch auf ein Event. Lange halten Sie das nicht mehr durch.

Es kommt nicht auf den analogen oder virtuellen Ort an, sondern auf Ihre Präsenz. Wenn Sie nicht im Hier und Jetzt sind, bleibt es bei der Interaktion. Sie gewöhnen sich an das Falsche und vergessen das Echte. Wenn in Ihren Teammeetings nichts als Zahlen, Daten, Fakten ausgetauscht werden, während die Teilnehmenden hektisch (und heimlich) von Bildschirmansicht zu Bildschirmansicht, von Computerscreen zu Smartphone hin und her wechseln, bleibt es bei dialogischen Leerläufen. Der Stress steigt, und 59 Minuten Meeting sind 59 Minuten verschwendete, weil sofort wieder vergessene Lebenszeit. Befreien Sie sich aus diesem Wahnsinn! Machen Sie sich nicht mehr, sondern weniger Stress, indem Sie sich auf den Augenblick konzentrieren. Auf nichts sonst. So zeigen Sie anderen wie nebenbei, dass Sie nicht nur zum richtigen Zeitpunkt Ihren Lautsprecher ein- und ausschalten können, sondern auch ein Mensch sind, der sein Gegenüber *wahrnimmt.*

Eine Bekannte von Ihnen liegt seit Wochen auf der Intensivstation. Sie postet auf Facebook täglich live vom Krankenbett, um ihre Situation mit »Freunden« zu teilen, und kassiert dafür Herzchen und Tränen. Sie wissen nicht, wie Sie das finden sollen.

Emojis sind vieldeutig. Sie kommen im ganz normalen Alltag zum Einsatz genauso wie in Extremsituationen. Kein Wunder, dass Sie irritiert sind. Könnte sein, dass die Kommentare und Emojis, mit denen andere auf Facebook ihr Mitgefühl bekunden, ein Teil von automatisierten Aktion-Reaktion-Mechanismen sind, die ethisch sinnlos sind, die keine Bedeutung haben, weil sie nicht begegnungs-, beziehungsorientiert sind. Dann wären auch die Posts der Patientin sinnlos. Doch was, wenn es sich für Ihre Bekannte um einen für sie wichtigen, ja überlebensnotwendigen Weg handelt, Beziehungen aufrechtzuerhalten? Dann wären diese Facebook-Aktivitäten keine leeren Interaktionen, dann würde an diesem Ort »wirkliches Leben« (Buber) in Form von freien, lebendigen, einzigartigen Begegnungen stattfinden.

5

DIE BANALITÄT DES GUTEN:

Freundlichkeit

Freundlichkeit ist so banal wie der Hund, der an die Hausecke pinkelt, wie der Gang zum Supermarkt, wie das heimliche Bohren in Nase. Doch steckt in dem, was man banal, alltäglich nennt, nicht das größte Mysterium überhaupt? Warum gibt es überhaupt Hunde? Warum gibt es Menschen? Wenn es Menschen gibt – warum dann nicht nur gute, sondern auch solche, die lügen, stehlen, schlagen, schießen, morden, und so viele andere, die beides sind, gut *und* böse? Die Antwort ist: Wir wissen es nicht. Zwar können Psychologinnen, Psychiater, Anwältinnen, Theologen, Biologinnen und andere Experten (→ 3) eine Menge dazu sagen. Aber diese Fachleute sind selbst Menschen. Sie haben gute und schlechte Momente. Sie lieben und hassen wie wir; und wie Sie und ich bohren sie in unbeobachteten Momenten in der Nase.

Was wissen wir schon? Wir wissen, dass wir jetzt leben, aber wann wir sterben, wissen wir nicht. Wir wissen, dass wir sterben müssen, aber nicht, was das Leben als Nächstes mit uns vorhat. Sie werden von einem Tag auf den anderen entlassen und verstehen es nicht. Sie verstehen auch nicht, warum es Unrecht, Hass, Gewalt und Krieg geben muss. Sie wollen weder schlecht sein noch so behandelt werden, weder hassen noch gehasst werden. Eigentlich wollen Sie das Gleiche wie wir alle. Mehr Licht, mehr Menschenliebe. Mehr langsames Glück. Mehr von der ganz banalen Freundlichkeit.

- Warum ist die Welt so schlecht?
- Warum wurde das Böse nicht längst abgeschafft?
- Warum straft einen das Leben, obwohl man nichts verbrochen hat?
- Warum gibt es so viele Widersprüche auf der Welt?
- Wer oder was hat diesen Planeten überhaupt hervorgebracht?

Wir wissen es nicht. Wir wissen nur, dass Dunkelheit Teil der Welt ist. Keine einzige Großmacht war bisher fähig, wirksam gegen das banale Böse (→ 1) anzugehen. Aber es gibt auch *die Banalität des Guten*. Eine sanfte Macht, die genau jetzt loslegt. Sie operiert in einem winzigen Radius, kann schon im Umkreis von ein, zwei Zentimetern Wirkung zeigen – etwa dort, wo »freundlich« nicht nur draufsteht, sondern auch drinsteckt.

Freundlichkeit ist keine Kleinigkeit. Sie beginnt mit einem Lächeln. Ein Mensch macht den Anfang, geht offen auf den anderen zu, sagt »Entschuldigung«, »bitte« und »danke«. Und aus heiterem Himmel hat der andere die Chance, sich seinerseits zu öffnen. Freundlichkeit gilt als eher weibliche Geste. Frauen lächeln, bedanken sich, denken an Geburtstage und rufen die betagte Nachbarin an. Aber es sind nicht nur die Frauen und Mädchen. Freundlichkeit ist kein Talent, sondern eine menschliche Fähigkeit. Unzählige Jungs,

Männer auf der ganzen Welt handeln genauso. Sogar zahllose Kinder finden es selbstverständlich, stehen zu bleiben, sich die Kopfhörer aus den Ohren zu reißen und zuzuhören, wenn man sie anspricht. Sie gehen nicht vorbei. Sie sind weder aggressiv noch gleichgültig. Freundlichkeit ist kostbar, ein Geschenk, das ein Mensch einem anderen überreicht, ohne eine bestimmte Gegenleistung zu erwarten. Es ist die banalste und simpelste Form der Großzügigkeit, das Gegenteil von kleinkariertem Bilanzieren. Wenn Sie mich spontan anlächeln, freuen Sie sich über meine freudige Reaktion – doch Sie rechnen nicht damit. Ich könnte ja ganz anders sein als Sie. Vielleicht bin ich gerade traurig oder wütend. Oder ich hänge am kognitiven Streaming (→ 2) fest. Wer weiß. Womöglich leide ich an einer Gesichtslähmung! So oder so lohnt es sich, freundlich zu sein. Es gibt Ihnen und anderen die Gewissheit, nicht allein zu sein. Das ist keine Kleinigkeit.

Freundlich ist wohlwollend. Wie banal, dass die Nacht dem Tag weicht, aus Dunkelheit Licht wird. Wie banal, dass Leute einander anschauen und zuhören. Und doch nicht selbstverständlich. Denn Menschen sind verschieden, sie missverstehen einander oder verstehen sich gar nicht. Niemand kann einen anderen wirklich, bis ins tiefste Innerste kapieren – und trotzdem kann man sich begegnen, eine wie immer kurzfristige Beziehung aufbauen, selbst mit denen, die man geistig-seelisch für beschränkt, sogar gefährlich hält. Für den Umgang mit Anderstickenden eignet sich das philosophische »Prinzip der wohlwollenden Interpretation« (»principle of charity«, wie es der amerikanische Philosoph Donald Davidson (1917-2003) nannte). Es verlangt von dem, der zuhört, das, was der andere jetzt sagt, so zu interpretieren, dass man seine Worte nicht reflexhaft als irrational, dumm oder ideologisch abstempeln muss. Man unterstellt dem anderen Menschen ein Maximum an Rationalität, um seine Position zumindest minimal verständlich finden zu können. Man denkt: »Zwar kann ich dir mit meiner Logik nicht ganz folgen, ich gehe aber davon aus, dass deine Logik (wie meine) eine gewisse Portion Ratio enthält.« Man neigt dazu, Leute, die anderer Meinung sind, für weniger intelligent zu halten als sich selbst. Also Vorsicht: Wer ist hier ideologisch, ich oder du, Sie oder wir? Das »Prinzip der wohlwollenden Interpretation« ist nicht starr wie der kategorische Imperativ. Es ist eine Lockerungsübung, die aus dem gesunden Menschenverstand (→ 2) resultiert. Man entspannt sich, hört zu und fragt nach, fragt immer weiter nach, bis der Ansatz eines Dialogs entsteht. Freundlich ist es, nicht vorschnell zu urteilen, sondern die Wahrheit – zumindest einen Teil davon – an den unwahrscheinlichsten Orten zu suchen. Das »Prinzip der wohlwollenden Interpretation« ist angemessen, sobald Sie morgens (noch schlaftrunken) die Küche betreten, wo Ihr Kind Ihnen erklärt, dass es sehr sinnvoll sei, heute mal nicht in die Schule zu gehen. Freundlich ist, von einer Welt auszugehen, in dem rational und irrational, dumm und klug, gut und schlecht ständig ineinander gehen. In ein und demselben Menschen. In Ihnen und in mir selbst.

Freundlich ist nicht *nett.* »Nett« ist ein Wort, das vom Erdball verbannt werden sollte. Nett heißt gar nichts. Es ist so aussagekräftig wie »quaxi«. Ein Wort, das nicht existiert. Purer Nonsens. Wer ist nett? Alle, die standardmäßig die Mundwinkel nach oben reißen, auf Basis eines mittleren Aufmerksamkeitsniveaus launig zwinkern und nicht komisch riechen. Die nette Servicekraft in Ihrem Stammlokal strahlt in Ihre Richtung unter der Voraussetzung, dass Sie keinen Stress machen und ordentlich Trinkgeld geben. Sie ist »quaxi«. Die freundliche Servicekraft schaut Sie an, merkt sich Ihren Namen, erkundigt sich, ob Ihnen an Ihrem Tisch etwas fehlt. Statt »quaxi« zu funken, transportiert sie mit ihrem Lächeln die Einsicht in die Komplexität menschlichen Lebens. Irgendeine Last hat jede/r zu schultern. Man weiß nie, was sich hinter der Oberfläche verbirgt. Deshalb vermittelt Ihnen diese Person jetzt ein Gefühl des Wohlbefindens und der Zugehörigkeit – sei es auch nur für die Dauer Ihres Restaurantbesuchs. Das Gleiche gilt für Kolleginnen, Bekannte, Kinder, Freunde. Ein »quaxi« Freund ist ein »Freund«. Wenn es ihm zu kompliziert mit Ihnen wird, meldet er sich nicht mehr. Eine freundliche Freundin wendet sich Ihnen auch dann noch zu, wenn sich ihr Lebensweg in eine andere Richtung gedreht hat. Hin und wieder, aber immer neu. Mit immer anderen Einladungen zum Wiedersehen, Wiederhören, Wiederverstehen.

Freundlich ist unperfekt. In dieser erfolgsverliebten Gesellschaft wirkt Perfektion wie ein Schutzschild, ein Panzer gegen Scheitern, Angst und Hoffnungslosigkeit. Unperfekt ist verletzlich. Freundlich ist, anderen seine Fehler und Mängel zu offenbaren. Man hat es wieder nicht geschafft, man hat etwas verschwiegen, man hat sich nicht getraut … Warum? Weil man ein Mensch ist, kein Auto, keine Barbie. Freundlich gibt nicht vor, zu sein, was man nicht ist. Freundlich schafft einem selbst und anderen Gelegenheit zu vertrauen, zu verzeihen, loszulassen. Wenn Sie Freundlichkeit verströmen, beruhigt sich die Schnappatmung. Kontrollzwänge werden überflüssig. Freundlich ist eine Lizenz zur

Menschlichkeit. In freundlich-unperfekter Atmosphäre kann man Niederlagen, Peinlichkeiten und Verrücktheiten zugeben, ohne es hinterher zu »bereuen«. Nicht Perfektion macht einen sympathisch, sondern Zugänglichkeit. Perfektion ist irreal, Teil der Illusionsmaschinerie unserer Tage (→ Teil 2). Ein perfekter Mensch wäre jeden Tag erfolgreich, stark und positiv – das ist nicht mal Oprah Winfrey (→ 18). Freundlichkeit lügt nicht, sondern verbreitet Zuversicht, ist ein Schutzraum, kein Schutzschild. Freundlichkeit ist das mobile Zuhause für jede noch so widrige Umgebung. Das Tiny House der Ethik

Freundlich ist risikofreudig. Freundlichkeit *sieht* den anderen Menschen, ohne ihn zu kennen oder zu verstehen, voller Empathie. Sie zum Beispiel sehen in diesem Moment eine grauhaarige, gut gekleidete Frau den Gehsteig entlanggehen – plötzlich stolpert sie und fällt. Sie liegt auf dem Pflaster, zwei Orangen kullern aus ihrer Einkaufstasche. Was tun Sie? A) Sie fragen: »Haben Sie sich verletzt?« und strecken die Hand aus, um ihr aufzuhelfen. B) Sie gehen vorbei: Schließlich sind außer Ihnen noch andere unterwegs, und Sie haben es eilig. C) Sie gehen vorbei: So, wie diese Frau in ihren teuren Klamotten aussieht, ist sie viel zu stolz, Ihre freundliche Hilfe anzunehmen (und sie steht ja schon wieder und ist im Begriff, die Orangen selbst aufzuklauben)! Wann ist Freundlichkeit angesagt und wann nicht? Das ist die falsche Frage. Es ist immer möglich, sich zu irren. Die richtige Frage wäre: Wie kann *ich jetzt* meine Vorurteile loswerden? Sie können einen Mann für asozial halten, und dann hilft er Ihnen in größter Not. Sie können glauben, eine Frau sei die Güte in Person, und sie erweist sich als Trickbetrügerin. Auch hier wissen Sie nicht, ob die grauhaarige, gut gekleidete Frau auf der Straße Ihre Hilfe will oder nicht. Was sie auf jeden Fall braucht, was wir alle brauchen und wollen, ist freundliche Empathie, egal, wie es um ihren, meinen, unseren Charakter und sozialen Status bestellt sein mag. Das heißt nicht, dass Empathie bedingungslos ist. Aber sie sollte – wie Liebe – grenzenlos sein. Angesichts der Tatsache, dass jeder *gute* Moment (→ 18) einzigartig und kostbar ist, ist die totale ethische Grenzöffnung das beste Mittel der Wahl. Die ultimative Grenze des Lebens ist der Tod. Unbegrenzte Freundlichkeit – ein situationsunabhängiges, spontanes, immer neues Sich-einander-Zuwenden und Sich-aufeinander-Einlassen – kann den Tod nicht verhindern. Aber sie kann die Angst vor der ultimativen Grenze lindern.

TEIL 2

GEGEN DIE ILLUSION

6

DIE KARTOFFEL:

Warum nicht alles nur Spaß ist

In Krisenzeiten braucht der Mensch Wärme. Das warme Gefühl, dass schon alles wieder gut wird. Wo kirchliche und politische Institutionen ihre Glaubwürdigkeit verloren haben, helfen moderne Hexen, Astrologinnen, Sinnfluencerinnen (→ 7) weiter, die sich mit Mars, Jupiter und Saturn toll auskennen. Die, die mit Spiritualität wenig am Hut haben, schwärmen zu einem ganz anderen Lagerfeuer. Der Comedy! Comedians sind Meister der Magie. Diese »Aufwärmer« zaubern ratzfatz Ihre Sorgen weg. Sie liefern ein schnelles Glück, das Sie sich wieder fühlen lässt, als seien Sie vier Jahre alt: ohne moralische Verantwortung, ohne ethisches Bewusstsein, den Kopf voller Albernheiten.

»Ich bin immer noch ein Kind. Ich pupse und ich freu mich!«, ruft Komödiant Chris Tall, ein junger Mann in weißen Turnschuhen, und die Menge rast. Der Spaßmacher springt wie ein Gummiball über die Bühne, wirft sich mit ausgebreiteten Armen in Siegerpose, und die Fans sind in Stimmung, noch bevor er die erste Zote gerissen hat. Gelacht wird über Chris' sexuelle Erfahrungen, seine »So richtig Scheiße in der Schule«-Anekdoten ... und seine einzigartige Spastiker-Persiflage. Darf er sich über Menschen mit Behinderung lustig machen, weil Kunst alles darf? Darf er, was Sie nicht dürfen, weil Sie im Steuerfach oder Einzelhandel tätig sind? Sie könnten sagen: Erstens gelten für Comedians andere Maßstäbe. Und zweitens müssen sich »lustig« und »ethisch« ja nicht ausschließen. Wenn Chris über Behinderte lästert, will er vielleicht auf gesellschaftliche Vorurteile hinweisen. Schließlich sammelte der Entertainer während einer Show mal Tausende Euro für eine Rollstuhlfahrerin mit seltenem Gendefekt. Beweist das nicht, dass er das Lachen und die Liebe seines Publikums vollumfänglich verdient hat? Können 900 000 TikTok-Follower irren?

Wenn nein, müsste auch sein krassester Witz ethisch legitim sein: »Wir fackeln heute die Bude ab – also quasi 'ne Chris-Tall-Nacht!« Eine solch direkte Anspielung auf die Reichsprogromnacht würden sich die meisten von Chris Talls Kolleginnen und Kollegen kaum erlauben. Trotzdem sind auch ihre Zoten oft weniger harmlos, als sie scheinen – weil sie in eine populistische Richtung gehen. Das Erkennungszeichen des Populismus sind nicht bestimmte politische Inhalte, sondern das »Wir« einer bestimmten Gruppe, die mit ihrer Meinung immer und als einzige recht hat. Es gibt Populismus und Ideologie (→ 3) nicht nur in der Politik. Es gibt auch einen Populismus der Lustigen, der mit positiven Emotionen wärmt – für kurze Zeit und mit unschönen Folgen.

Auftritt Mario Barth, Experte für Gender-Klischees wie »Sex & Gehirn« und »Frauen & Schuhe«. In seiner Show *Männer sind faul, sagen die Frauen* bringt er die Geschlechterbeziehungen auf den Punkt: Männer sind faul? »Nein, wir tun aktiv nichts!« Kreeiii-hiiiisch! Mario hat ja so rechecht! Sofort ist menschliche Wärme im Raum – so scheint es jedenfalls. Die positiven Emotionen sprühen, und mit ihnen das Bindungshormon Oxytocin. Fast nebenbei zeigt seine zwerchfellerschütternde Schwarz-Weiß-Malerei auch, wie es seiner Meinung nach sein soll. Männer in diese, Frauen in die andere Schublade. Subtiler streut der Kabarettist, studierte Historiker und ehemalige Messdiener Dieter Nuhr Thesen unters Volk. Nuhr ist Fachkomiker etwa für die wirtschaftliche Lage im Allgemeinen und den Zustand der deutschen Automobilindustrie im Besonderen (»Freie Fahrt für alle ist nun mal ein deutscher Fetisch!«). Ganze Heerscharen lachen sich gepflegt über seine Darbietungen kaputt. Ich kann sie verstehen. Schließlich vermittelt Nuhr das warme Gefühl, uns mit unseren privaten Sorgen und unserer weltanschaulichen Haltung »echt« zu verstehen. Er besitzt ein besonderes Talent.

Die Nähe komödiantischer Wärmespender zu Politikerinnen und Politikern ist kein Zufall. Wer in einer maximal multimedial abgelenkten Gesellschaft auf breiter Front wahrgenommen werden will, muss laut, bunt und schrill sein. Auch die Politik muss geradezu »komisch« rüberkommen, um öffentliches Interesse zu erregen. Erinnern Sie sich an das Instagram-Video von Ex-Verteidigungsministerin Christine Lambrecht, das zu ihrem Rücktritt führte? Wie sie in der Silvesternacht 2022/23 zwischen Böllern und Raketen (kaum verständlich) von »interessanten Begegnungen« sprach, die ihr der Krieg in der Ukraine ermöglicht habe, war mehr als geschmacklos. Es wirkte – entgegen ihrer Absicht – wie ein verunglückter Witz. Lambrechts Performance passt perfekt zu einer Zielgruppe, die sich schwer tut, die Grenzen des Spaßes zu erkennen.

Ob freiwillig oder unfreiwillig, Showtalent bringt höchste Quoten. Von Instagram über TikTok zu Twitter, von *Nuhr im Ersten* über Kanzler-Duelle zu *Markus Lanz*. Die Verschmelzung der Genres Politik, Talkshow und Comedy ist nichts Neues. Sie begann, lange vor dem Illusionskünstler Donald Trump, mit dem italienischen Ex-Präsidenten Silvio Berlusconi und dem ehemaligen Schauspieler und Trump-Vorgänger Ronald Reagan. Schon Mitte der 1980er-Jahre verglich der Medienwissenschaftler Neil Postman die US-Kultur mit einer »Vaudeville«-Vorstellung: »Wir amüsieren uns zu Tode«, schrieb er und meinte: Wir lachen immer mehr und denken immer weniger. Wir wissen weder, worüber wir lachen, noch, warum wir aufgehört haben zu denken.

Wenn heute auch in Europa gilt, was Postman damals in Amerika beobachtete, ist das die Stunde der Comedians. Denn wo Politiker die schlechteren Entertainer sind, könnten Entertainer ja die »besseren Politiker« werden (klammern wir den Ex-Comedian und jetzigen Präsidenten der Ukraine Wolodymyr Selenskyj hier einmal aus). Anders als Populisten wie der italienische Komödiant und Politiker Beppe Grillo von der Fünf-Sterne-Bewegung hat zwar bisher kein einziger deutscher Comedian eine Partei gegründet, doch auch hierzulande gleicht das Polit-Kabarett sehr oft einer Art Vaudeville-Populismus. Auffälligstes Beispiel ist die TV-Reihe *Mario Barth deckt auf!*. Das »Investigativ«-Format des Mann-Frau Spezialisten offenbart auf unterhaltsame Weise, wo der Staat Steuergelder verschwendet. Wie in seinen Comedyshows sucht Mario auch hier die enge Bindung ans Volk: Die Zuschauer können ihm ihre Erfahrungen mailen und Tipps geben. Warum sollten wir, Sie oder ich, Mario schreiben? Ganz klar. Weil wir ihn mögen. Unsere Zuneigung ist der Lohn für das Wir-Gefühl, das von ihm ausgeht. »Wir«-Wärme hat aber nicht nur Mario Barth auf Lager, sie steckt im Programm aller großen Show-Magier und Witze-Zauberinnen:

Das Programm »Wärmende Echtheit«: Die Lustigen punkten mit einer Authentizität, die im wirklichen Leben durch das große Rauschen der Nachrichten, Bilder und Meinungen (→ 3) überdeckt wird. Mario Barths Typus des Goldkettchen tragenden Prolls ist nicht nur ein Klischee. Er *wirkt* in den Augen derer, die ihm folgen, auch »echt« und »wahr«. Genau wie für andere der leise Ironiker (Dieter Nuhr), die feministische Freche (Carolin Kebekus) und der teddybärige Bayer (Michael Mittermeier) »echt« und »wahr« wirken. Die Wirkung ist entscheidend. Wenn jemand endlich ausspricht, was er/sie denkt – und wenn es auch noch das Gleiche ist, was man selbst denkt –, reicht das, um ihn oder sie zu mögen. Man lacht, möchte kreischend aufspringen und diese Person wie einen engen Freund, eine lang vermisste Freundin umarmen.

Das Programm »Wärmende Einfachheit«: Wenn die Welt Krisen am laufenden Band produziert und das eigene Leben komplizierter wird, hat man keine Geduld mehr für die bürokratisch-distanzierte Sprache der *Tagesschau.* Statt Infografiken wünscht man sich empathische Erklärer und Erklärerinnen, die wenige Dinge konkret benennen – so, dass man sie versteht – und den Rest, bei dem man ins Grübeln kommen könnte, kurzerhand ausblenden. Behinderte sind so, Moralapostel so, Männer so, Frauen so. Kompliziert ist die Komplexität von Mensch und Leben, einfach das Wir der Gruppe. »Wir«, das sind der Comedystar und seine Fans: Sie, ich und du. Wir stehen auf der einen Seite – »sie«

auf der anderen. Wir sind die Guten, und die anderen haben nichts kapiert. Das »Wir«, das über der Darbietung schwebt, stiftet ein wohltemperiertes Gruppengefühl, ein Gefühl von Nähe und Zugehörigkeit, einen Ort der kuscheligen Nähe, wo man zusammen mit dem Mantel gleich auch den gesunden Menschenverstand (→ 2) an der Garderobe abgibt.

Das Programm »Wärmende Empathie«: Die Lustigen wissen, welche Knöpfe sie drücken müssen, damit das Publikum sich ihnen verbunden fühlt, sie liebt und verehrt. Sie können sich in uns einfühlen. Mit ihren Witzen sprechen sie unsere Angst, unsere Sorgen, unsere Wut an. Unser unerfülltes Bedürfnis nach Anerkennung. Sie sprechen uns aus der Seele. Ihre Gefühle verbinden sich mit unseren – fast, als würden sich die Herzen berühren.

Wenn Sie während einer Comedyshow in den Gefühlen der Masse aufgehen, hat das kurzfristig natürlich eine viel intensivere Wirkung, als wenn Sie allein im stillen Kämmerlein über Ihre rote Nase lachen. Je mehr Sie sich aber an Witze gewöhnen, wo andere ausgelacht, verlacht, verhöhnt werden (und sei es noch so subtil), desto weniger denken und fühlen Sie. Irgendwann wissen Sie weder, worüber Sie eigentlich lachen, noch, warum Sie aufgehört haben zu denken. Alles, was Sie fühlen, ist eine Wärme, die schnell kommt, aber auch schnell wieder geht.

- Worüber lache ich eigentlich?
- Lache ich über mich selbst, meine Vorurteile, die Ironie des Schicksals?
- Oder lache ich »sie« aus?
- Können »sie« sich wehren?

Auch wenn sich Chris Tall auch mal für Behinderte einsetzt, sind seine Interpretationen von Menschen mit Handicaps als Idioten ethisch zweifelhaft. Carolin Kebekus mag eine überzeugte Feministin sein, doch wofür sie unter anderem bekannt ist, sind ihre Interpretationen von schlankheits- und fitnessgetriebenen Frauen als »Skinny Bitches«. Wenn sie ihre weiblichen Fans »Pussies« nennt, kommt es für die meisten witzig, genial, subversiv rüber – für einige andere aber kann genau das, je nachdem, was sie erlebt haben, einen Angriff auf ihre möglicherweise ohnehin schon ramponierte weibliche Würde darstellen. Wenn Michael Mittermeier über »die Japaner«, »die Ösis« oder »der, die, das Conchita Wurst« lästert, mag das einfach eine brüllend komische Form der freien Meinungsäußerung sein – doch es ist eben auch die Meinung eines »Wir«, das recht haben muss, damit der Witz funktioniert.

1. *Witzige These:* Travestiekünstler sind albern, Behinderte obszön, »Menschen mit Menstruationshintergrund« hysterisch!
2. *Durch Augenzwinkern übermittelte Einschränkung:* Es ist voll okay, das so zu sehen und darüber zu lachen, denn wir machen hier Comedy!
3. *Schlussfolgerung:* Los, Leute, lachen, auslachen, weiterlachen! Ist doch subversiv gemeint. Alles nur Spaß.

Ein genialer Zaubertrick, bei dem sich Meinung und Realität auf illusorische Weise vermischen. Eine Meinung über die Wirklichkeit ist schließlich etwas anderes als die subjektiv erlebte Realität selbst. Vergleichen Sie mal die individuell erlebte Realität einer Rollstuhlfahrerin, eines Travestiekünstlers, einer sexuell missbrauchten Frau oder eines Allergikers mit einzelnen Bohnen oder Karotten (nur so »zum Spaß«). Wie jeder einzelne Mensch, so hat auch jedes einzelne Stück Gemüse unverwechselbare Vorzüge und Fehlstellen. Stellen Sie sich eine Kartoffel vor. Sie können diese Kartoffel von allen Seiten (möglichst den unvorteilhaftesten) fotografieren, die Fotos in der Luft schwenken und brüllen: »Diese Kartoffel ist subversiv!« – es ändert nichts daran, dass es sich um Abbilder ein und derselben Kartoffel handelt. Die Kartoffel bleibt die Kartoffel. Das eine ist die Realität der Kartoffel; das andere Ihre Meinung, eine Gemüseart sei »subversiv«. Sollte es je eine denkende und fühlende Kartoffel geben, die ein Problem damit hätte, dass und wie Sie sie fotografieren, die nicht einverstanden wäre mit Ihrer Meinung über sie, sie hätte keinen Mund, keine Stimme, um zu widersprechen. Sie hätten immer recht – Sie und Ihr »Wir«, das Ihnen applaudierte. Ähnlich wie mit dieser speziellen Kartoffel verhält es sich mit manchen Menschen, die wir auslachen, indem wir ihre subjektive Realität ignorieren. Nicht alle Leute haben die Möglichkeit, sich zu wehren, wenn sie unseren Witz nicht witzig finden.

Was wir brauchen – in der Comedy, in der Politik, im eigenen Leben – ist die schlichte Gewohnheit, unsere eigenen, möglicherweise trügerischen Perspektiven kritisch zu prüfen, auch und gerade dann, wenn sie Spaß machen. »Wir« sollten uns auch vorstellen können, wie »sie« uns sehen. Mit unseren je einzigartigen Hirnen und Herzen. Sobald wir das tun und alle bei sich selbst anfangen, spüren wir, wie wertvoll ein Lachen ist, das Menschen verbindet, statt sie zu trennen. Dann können wir uns *richtig* warmlachen.

Sie halten mich für eine Spaßbremse. Lachen muss doch wohl erlaubt sein, das gebietet die Kunstfreiheit, finden Sie. Das Leben ist schon traurig genug! Sie verlangen eine Erklärung.

Glauben Sie mir, ich liebe es zu lachen, genau wie Sie. Ich liebe das Lachen, das aus unterschiedlichsten Menschen eine Gemeinschaft macht. Aber ich fürchte ein Lachen, das auf Kosten anderer geht (oder gehen kann). Wärme ist nicht gleich Wärme. Die Gruppen-Wärme einer großen Live-Comedy-Show ist etwas anderes als die Wärme, die beim Scherzen in der individuellen Begegnung (→ 4) mit Ihrem Vater, Ihrer Schulfreundin oder einer langjährigen Kollegin entsteht. Im ersten Fall mischt sich in die Wärmeempfindung ein Gefühl der Selbstbestätigung. Hier dreht sich das Witzemachen und Lachen auch darum, recht zu haben mit seiner Sicht der Dinge. Im zweiten Fall geht es nicht ums Rechthaben. Hier bringen Sie jemanden intuitiv und spontan zum Lachen (oder umgekehrt). Einfach so. Ein paar launige Momente lang gibt ein Mensch für einen anderen den »Ofen« – und wärmt sich selbst dabei auf. Darüber hinaus wird kein anderer (tendenziell populistischer) Zweck verfolgt. Das ist lustig und *gut* genug.

Bei einem Essen unter Freunden neulich war auch Ihre stets gut gelaunte Nachbarin dabei, die wunderbar über sich selbst lachen kann. An dem Abend äffte die stark kurzsichtige Frau sich selbst nach, wie sie im Bad nach einer verlorenen Kontaktlinse suchte. Gestern trafen Sie sie im Treppenhaus – und imitierten lachend ihre Parodie. Ihre Partnerin stand daneben. Die Nachbarin lachte nicht. Warum eigentlich nicht?

Wenn die Nachbarin sich über sich selbst lustig macht, können Sie davon ausgehen, dass sie es freiwillig tut. Wenn Sie sie aber *imitieren,* wie sie sich über sich lustig macht, ist es so, als wollten Sie die Frau vor Ihrer Partnerin auslachen. Vielleicht hatte die Nachbarin einen schlechten Tag, vielleicht war sie nicht ganz so positiv gestimmt wie immer? Versuchen Sie sich mit ihren Augen zu sehen – und fragen Sie sich: »Was wollte ich mit meinem kleinen Scherz erreichen – glaube ich (insgeheim), dass stark fehlsichtige Frauen lächerlich sind? Steckt eine winzige Populistin womöglich auch in mir? Sehe ich die Dinge zu sehr von meinem Standpunkt aus?« Bitten Sie auch Ihre Partnerin um Ihre Meinung zu der Episode. Eine freundliche Entschuldigung ist nie verkehrt.

Sie sehen ein, dass man Menschen nicht auf Kosten anderer veralbern sollte, vor allem, wenn sie sich nicht wehren können. Sie fragen sich, woran man erkennen kann, wann die Grenzen von »lustig« erreicht sind.

Die Grenzen sind erreicht, wenn sich jemand im Namen von Meinungs- und Narrenfreiheit zur Stimme des Volkes stilisiert, wenn er oder sie auf lustige – leider aber auch auf populistische – Weise recht haben will. Lachen ist gerade in Zeiten der Krise überlebensnotwenig. Trotzdem sollten wir nie vergessen, worüber wir eigentlich (wirklich) lachen – und wie oft »Wir« dabei recht haben wollen. Solange Sie eine Verbindung zwischen »gut« und »lustig« herstellen können, steht hemmungslosem Gelächter nichts im Wege.

Gut ist immer nur das, was Sie *auch unabhängig* von der Gruppe, der Sie angehören oder sich zugehörig fühlen, tun (wollen). Worauf es beim Lachen ethisch ankommt, ist nicht die Gruppe, deren Perspektive Sie in diesem Moment einnehmen: etwa die Gruppe derer, die gemeinsam in einer Comedyshow sitzen. Wirklich *gut* sind Witze und Kalauer, die Leute über Gruppen-Grenzen hinaus verbinden. Darin liegt die wahre Kraft der komödiantischen Kunst.

Anmerkung: Die Recherche zu diesem Kapitel umfasste auch die Sichtung einiger Reden populistischer Politiker aus dem rechten Spektrum auf YouTube. Amazon reagierte sofort und empfahl der Autorin »Das Nibelungenlied«.

7

DER EINFLUSS:

»Ich« und »wir«

Wozu sind wir auf diesem Planeten? Was tun *Sie* hier und für wen? Ihr innerer Kompass gibt Auskunft. Er lässt Sie durch alles Chaos hindurch fühlen, was ein sinnvolles Leben ausmacht und wie langsames Glück entsteht: durch simples Aufeinanderbezogensein und Füreinanderdasein – das ganz banale Gute. Allerdings ist dieser innere Kompass nicht die einzige Autorität, die Ihnen die Richtung zu weisen verspricht. Er muss sich gegen tausend Einflüsse im Umkreis Ihrer Gefühle, Überzeugungen und Handlungen behaupten. Schlechte Nachrichten beeinflussen Sie in anderer Weise als ein sonniger Tag am Meer. Ethisch bedeutsam sind vor allem solche Einflusskräfte, die Sie zu etwas bringen, was Sie von sich aus *eigentlich* nicht tun würden.

Dazu zählen natürlich die Influencer, »Persönlichkeiten des öffentlichen Lebens«, das hauptsächlich in den sozialen Medien stattfindet. Stellen Sie sich vor, Sie sitzen in einem Café und warten auf einen Bekannten. Sechzehn Uhr durch. Er ist immer noch nicht da. Um Zeit zu überbrücken, schauen Sie bei Instagram vorbei – und landen bei Mode- und Lifestyle-Influencerin Karolina Kauer (@karokauer). Auch wenn dieser Kanal selbstverständlich unter Ihrem Niveau ist, bleiben Sie an den »Storys« *hängen:* Rumalbern mit den Kindern, Auspacken und Ausprobieren brandneuer Lidschatten-Paletten, ein schneller Griff zur Designertasche, schnell in den SUV, schnell weiter zu einem Event. Und dann: Posen mit Freundinnen und Gift Bag, Präsentieren eines Dufts, wildes Abrocken im Club, Gruppenselfie und dann, in kursiv gesetzten Lettern, eine Prise Nachdenklichkeit: »Da waren so krasse Leute, da fühlt man sich gleich so schlecht und fragt sich: und was genau mach ich hier?«

Da ist sie wieder, die Frage aller Fragen. Influencerin Karolina Kauer scheint auf der Welt zu sein, um Ihnen jegliches schlechte Gefühl zu nehmen. Dafür arbeitet sie hart. Ihr Unternehmen mit eigener Dachgesellschaft umfasst ein Modelabel, eine Beratungsfirma, ein Café, den Verkauf eines eigenen Weins – und die Vermarktung eines bestimmten Wertebewusstseins. Influencer wie Kauer sind Profis der authentischen Selbstinszenierung, Schöpfer einer Welt, die auf dem doppelten Boden von Konsumkapitalismus und Ethik entstehen. Ihr Business funktioniert am besten in Zeiten des Umbruchs und der Krise, wenn alte Gewissheiten infrage stehen, wenn die Unsicherheit wächst. Wenn der »zwanglose Zwang des besseren Arguments« (Jürgen Habermas) und der höheren Kompetenz nicht mehr überzeugen kann. Nun sind es eben Influencer, die in den Augen von Milliarden (nicht nur unter Zwanzig*jähriger)* legitime Autoritäten repräsentieren. Glücksvermittler. Orientierungsgeberinnen. Sinnstiftungsinstanzen. *Community-Builder.* Unzählige feiern die »Werbekörper« (Nymoen/Schmitt) nicht nur für ihre Produkte, sondern auch das untrennbar damit verbundene Gute, das sie verkünden – weshalb auch die partyfreudige Karolina Kauer neben roten Lippen Sätze wie »Places are only as good as the people in it« oder »Find your soul« postet. Influencer kooperieren nicht nur mit wertebewussten Marken, sie sind selbst eine. Eine »Ich«-Marke. Ein markttauglicher »Ich«-Wert, der das Echte im Falschen repräsentiert. Das Falsche im Echten?

»Multiplikatoren, die ihre starke Präsenz und ihr Ansehen in sozialen Netzwerken nutzen, um beispielsweise Produkte oder Lebensstile zu bewerben« – so Wikipedia über die Neo-Autoritäten. Ihr »Ansehen« fußt auf einer Glaubwürdigkeit, der man glauben *wollen muss*. Wie alle Illusionskünstler sind Influencer nie richtig greifbar. Dafür präsentieren sie ihre Fotos, Videos und Texthäppchen technologisch auf dem neuesten Stand. Wenn Sie ihnen folgen, werden Sie durch digitale Kaufhäuser voller wohlklingender Hashtags gelotst, wo Sie an jeder Ecke Gutes tanken können – von *#love* zu *#diversity* zu *#inklusion* zu *#stophate* – und auf Schritt und Tritt zum Shoppen gedrängt werden.

Um sich in der von Motivationsbotschaften durchsetzten Mode- und Kosmetikwelt aufgehoben zu fühlen, sind Sie bei @karokauer richtig – oder Sie folgen Kim Kardashian (@kimkardashian), die neben Kosmetik- und Unterwäschelinien auch ihr Engagement für schwarze Häftlinge und obdachlose, vaterlose Familien vermarktet. Möchten Sie Ihr »nachhaltiges« Selbst entdecken, steht Ihnen »Sinnfluencerin« Louisa Dellert (@louisadellert) zur Verfügung, wenn Comedy (→ 6) Ihr Fall ist, die Elevator Boys (@elevatormansion), eine Gruppe durchtrainierter Jungs, die sich gegen Hass im Internet einsetzen. *Follow me:* Folge mir und meiner Community, denn ich bin a) glaubwürdig und biete b) coole Produkte.

Der Einfluss, der Influencer so unwiderstehlich richtungsweisend erscheinen lässt, besteht aus zwei eng verzahnten

Faktoren. Der erste ist ihre Überredungskunst, wenn es darum geht, Follower zu gewinnen und zu halten (man kann es auch »Kundenbindung« nennen). Eine Fähigkeit, die US-Marketingprofi Robert Cialdini in seinem Buch *Die Psychologie des Überzeugens* schon 1984 in Form von »Prinzipien« auflistete:

- Reziprozität: »Ich zeige dir, wie ich wirklich bin – also kauf meine neue Ware.«
- Knappheit: »Mein streng limitiertes Produkt gibt es nur noch diese Woche.«
- Autorität: »Ich bin authentisch und stehe auf ethische Werte, also vertraue meinen Empfehlungen.«
- Konsistenz: »Von mir kommen die immer gleichen Botschaften.«
- Sympathie: »Ich mag dich, ich bin echt und nahbar, also liebe mich.«
- Bewährtheit: »Alle anderen haben schon zugeschlagen und mein neues Produkt gekauft.«

Wenn Sie Politikerin sind, können Sie all dies im Wahlkampf nutzen. Influencerhafter Einfluss und *Personal Branding* prägt schließlich mehr und mehr auch die Bedeutung politischer Autorität, was man daran sieht, dass Sie sich (falls Sie tatsächlich Politikerin sind) um Ihrer Glaubwürdigkeit willen nicht mehr (nur) mit der Rolle einer Ministerin oder Abgeordneten begnügen können, sondern sich auch authentisch inszenieren müssen. Da ein Kurzvideo auf Instagram oder TikTok mehr Reichweite erzielen kann als ein TV-Auftritt zur besten Sendezeit, bauen Sie natürlich auch dort Ihr Zelt auf: Sie agieren unterhaltsam (→ 6) und so, dass man Sie mag, Sie loben und empfehlen, statt zu denunzieren und zu verletzen. Sie zollen allen Respekt, vor allem der diskriminierungssensiblen Jugend. Zwar gehören die wenigsten Wählerinnen und Wähler der ab 1997 geborenen Generation Z und den nach 1980 geborenen Millennials an – wohl aber die meisten Influencer.

An den ersten Faktor des Influencer-Einflusses schließt nahtlos ein zweiter an: die kunstvolle *Vermischung von Wunsch und Notwendigkeit, Bedürfnis und Begehr.* Influencer geben Ihnen das Gefühl, sie brauchen zu müssen – nicht anders zu können, als täglich, stündlich, minütlich ihre Aktivitäten zu checken. Wieder und wieder trichtern sie Ihnen ein, dass Sie sich den Wunsch nach einem Video/T-Shirt/Workshop/Sinnspruch erfüllen müssen, weil Sie das Ding brauchen. In der Realität kann es zwischen »brauchen« und »haben wollen« große Unterschiede geben. Sie können eine Prostataoperation brauchen, ohne den Wunsch danach zu verspüren – oder den Wunsch nach einer Daunenjacke hegen, ohne die Jacke zu brauchen. Laut dem Philosophen Harry G. Frankfurt (→ 2) entstehen »falsche Bedürfnisse« auf dem Boden dessen, was wir zu brauchen glauben, bloß weil wir es begehren.

- Was müssen wir wirklich haben?
- Welchen Einfluss brauchen wir tatsächlich?
- Was ist für uns, als Lebewesen in einer unsicheren Welt, nicht nur wünschenswert, sondern auch notwendig?

Kehren wir an den Anfang zurück. Sie sitzen immer noch im Café. Ihr Bekannter ist aufgetaucht, Sie sind ins Gespräch vertieft, Instagram ist weit weg. Plötzlich werden Sie von einem Schrei abgelenkt. Der junge Typ neben Ihnen ist zu Boden gesunken und dabei mit der Stirn an die Tischplatte geknallt. Eine Platzwunde. Sie springen beide auf, *alle* Gäste im Café springen auf, wollen irgendwas tun. Erstaunlich: Ein Mensch, der jetzt ganz offensichtlich Hilfe braucht, fokussiert mit einem Schlag die Aufmerksamkeit jeder und jedes Einzelnen in diesem Raum auf ein gemeinsames Ziel hin und motiviert alle zum *gemeinsamen Tun*. Plötzlich geht es allen um etwas, das wichtiger als alles andere ist. Wichtiger als Gespräche, Gedanken und Ängste, wichtiger als jedes Shoppingerlebnis. Jetzt ist es kein beliebiger Impuls mehr, der Sie zu diesem oder jenem lenkt, was Sie möglicherweise zu »brauchen« scheinen. Sie handeln wie Ihr Bekannter und wie die anderen Gäste im Café im Bewusstsein, dass das, worum es jetzt geht, nicht beliebig ist, sondern einen existenziellen Unterschied macht. Jetzt geht es nur noch darum, sich um den Jungen zu kümmern. Jede andere Option scheint ausgeschlossen.

Von der Kraft des Gemeinsamen

Wozu sind wir auf diesem Planeten? Was tun wir hier eigentlich und warum? Influencer geben keine Orientierung, die über die Frage einer Konsumentscheidung hinausgeht. Sie können nicht, selbst wenn sie es wollten. Denn ihr »Ich« mitsamt den »Werten«, die sie auf Social Media ausbreiten, ist nicht real. Ihr Einfluss führt wie ein Bumerang zurück auf die Motive des Marken-»Ich«. Trotz der vielen Follower und Communities, die Influencer erreichen und aufbauen, fehlt ihrem Business meist die reale Gemeinschaft, die eine

Identifikation mit gemeinsamen Zielen und gemeinsamen Handlungen voraussetzen würde. Weil von der Gemeinschaft, die sie »bedienen«, zu wenig weltverändernde Kraft ausgeht, bleibt von ihrem Einfluss letztlich bloß eine endlose Aneinanderreihung ähnlicher Inhalte in Erinnerung.

Der »Einfluss« einer zufälligen Ansammlung unterschiedlicher Individuen, die sich jetzt, in diesem Augenblick, gemeinsam um etwas sorgen, unterscheidet sich davon radikal. Es ist ein *guter* Einfluss, der aus dem entsteht, was *wir gemeinsam tun.*

- Handeln wir aus einem Impuls oder Zwang heraus?
- Oder weil wir nicht anders können wollen?
- Bei welchen Gelegenheiten tun wir etwas, was wir gemeinsam tun wollen?
- Wann fühlen wir uns wirklich frei und lebendig?

Jedes Gefühl von Freiheit und Lebendigkeit, das bleibt – auch nachdem das Ereignis, das es auslöste, längst vorbei ist –, signalisiert langsames Glück. Am auffälligsten blinkt dieses Signal zu einem Zeitpunkt, an dem Sie selbst zum Einflussfaktor innerhalb eines Gemeinsamen werden. Zurück zur Szene im Café: Der Junge ist wieder auf den Beinen. Zwei Gäste haben ihn hochgezogen, ein anderer hält ein Taschentuch an die Platzwunde. Ihm war übel geworden, Nachwirkung einer durchzechten Nacht, erzählt der Mann halb grinsend, halb verlegen. Hätte schlimmer kommen können. Man steht lachend noch eine Weile zusammen, geht dann wieder zu seinem Tisch zurück. Trotzdem zieht die Episode nicht einfach so vorüber. Es ist nichts Schlimmes passiert. Aber etwas ist passiert: Das Erlebnis, wie aus einer Vielheit von Menschen mit unterschiedlichen Interessen und Zielen spontan ein wirklich guter Einfluss entsteht, bleibt im Gedächtnis haften. Und Sie wissen wieder, was Sie mit sich selbst, Ihrer ganz banalen Menschlichkeit, anfangen wollen – ganz existenziell. »Der Mensch wählt sich in Beziehung auf die andern«, schrieb Jean-Paul Sartre.

Hinter jedem freien, lebendigen Menschen steckt ein »Wir«. In dieser Welt braucht jeder und jede ein Gemeinsames, das sie trägt. Auch der Mensch hinter dem Influencer: Auch er oder sie ist schließlich – jenseits der Social-Media-Welt – Teil unserer Welt. Dieses Gemeinsame ist nicht das große, populistisch-rechthaberische »Wir« einer bestimmten Gruppe (→ 6). Es ist ein ganz kleines, bescheidenes, banales »wir« mit kleinem »w«, das alle Individuen so sein lässt, wie sie sind, das aus verschiedensten Menschen spontan zusammengewürfelt wird, immer wieder neu entsteht – und eine gigantische Reichweite erzielen kann. Unser Zusammenwirken kann zu jeder Zeit und an jedem Ort gefragt sein. Wenn jemand ohnmächtig oder belästigt wird oder sonst wie Hilfe braucht.

Sie sind regelmäßig auf LinkedIn unterwegs. Dort folgen Sie so einigen »Top Voices« zu Themen wie Diversität und Führungsethik. Sie fragen sich, wie vertrauenswürdig diese Quellen wirklich sind.

Prüfen Sie, in welche Richtung die Beiträge der jeweiligen »Top Voice« laufen: Beeinflussen sie die öffentliche Diskussion über ein Thema in einer Weise, die anderen Zuversicht schenkt und sie motiviert, *außerhalb des Social Media Raums* gemeinsam etwas zu verändern? Oder ragen aus den Texten riesige unsichtbare Pfeile hervor, die auf die

Person selbst verweisen, so im Sinne von: »*Eigentlich* geht es um mich!« Eine echte Autorität erkennen Sie daran, dass Sagen und Tun für sie eins ist. Und daran, dass das, was andere – auf Basis dessen, wie sie die Person im wirklichen Leben erfahren – über sie sagen, ein kohärentes Bild abgibt. Dass es nicht auf der einen Seite extreme Bewunderung gibt und auf der anderen merkwürdige Gerüchte kursieren. Echte Autorität und wahres Ansehen genießt eine »Top Voice«, wenn sie ihre wahre Heimat im wirklichen Leben hat und ihren Einfluss dort mit und für andere geltend macht. Dann ist sie mehr als ein *Personal Brand* und eine Quelle, der Sie vertrauen können. Ansonsten können Sie ihr gern einen neuen Titel verleihen: »Bullshitter« oder »Quasselstrippe«.

Sie stecken in einer Lebenskrise. Was Sie jetzt brauchen, ist menschliche Wärme – eine Gemeinschaft, die Sie motiviert, nicht den Mut zu verlieren. Doch wohin Sie sich auch wenden, dreht man Ihnen »exklusive« Meditationskurse und Coachings zum »Freundschaftspreis« an.

In welchem Umfeld bewegen Sie sich? Wenn Sie zu viel mit Leuten zu tun haben, die das volatile Leben digitaler »Ich«-Marken in den sozialen Medien imitieren, ist die Wahrscheinlichkeit groß, dass Sie es mit kleinen Robert Cialdinis (siehe S. 86) zu tun haben. Suchen Sie sich dann schleunigst eine andere Umgebung. Melden Sie sich in einem Turnverein an. Jawohl, Sie haben richtig gelesen! Ich meine einen klassischen Verein, wo nicht jeder Mensch isoliert an seinem eigenen Fahrrad schwitzt und am integrierten Display seine »Performance« überwacht. Sondern wo sich eine zufällige Mischung aus unterschiedlichen Menschen zum Zirkeltraining trifft. Auf diese Weise können Sie sich nicht nur körperlich aufwärmen, sondern es besteht auch eine realistische Chance, dass Sie auf ein »Wir« treffen, das Ihre Lage in guter Weise beeinflusst.

Ihre dreizehnjährige Tochter will unbedingt Influencerin werden. Sie sind verzweifelt.

Kein Grund zur Panik. Solange Ihre Tochter keinem pornografischen Körperideal nacheifert oder sonstige heikle Ziele verfolgt, lassen Sie sie Erfahrungen sammeln. Überlegen Sie lieber, welche Art von Einfluss Sie dem expandierenden Influencer-Zeitgeist entgegensetzen können. Pflegen Sie zu Hause gemeinsame Rituale, die alle gut finden? Essen oder singen Sie regelmäßig in der Familie? Was gibt Ihnen allen ein gemeinsames Ziel und motiviert Sie, gemeinsam etwas zu tun? Egal, was es ist, sagen Sie nicht nur »wir« (mit kleinem »w«), handeln Sie auch im Sinne eines Gemeinsamen, das kein Zwang ist, sondern genug Freiräume für die jeweiligen Vorlieben und Spleens lässt. So sorgen Sie dafür, dass Ihre Tochter ein relativ sicheres Gespür dafür entwickeln kann, dass das, was sie sich wünscht, und das, was sie wirklich braucht, zwei verschiedene Dinge sind.

8

DER SPIEGEL:

Narzissmus und Moral

Auf der Lebensreise den Überblick zu behalten, ist nicht leicht. Oft ist unklar, welche Pfade ins Dickicht und welche zu einer Lichtung führen. Auf den Dingen, Tieren und Menschen, die Ihnen unterwegs begegnen, klebt keine Gebrauchsanweisung. Immer wieder machen Sie Erfahrungen, die Sie überraschen und bereichern. Anderes – Abwege und Sackgassen – hätten Sie sich lieber erspart. Vom Ganzen des Lebens her betrachtet, kommt es nicht darauf an, wie oft Sie sich verlaufen. Hauptsache, Sie gehen weiter – egal, wie langsam. Und: In kritischen Situationen ist es immer möglich, umzukehren, wegzulaufen. Wenn Sie auf Leute treffen, die Ihren Glauben an Ihre besten Fähigkeiten zu zerstören drohen – weil sie menschlich »toxisch« wirken –, rennen Sie am besten, so schnell sie können.

Toxische Persönlichkeiten sind Verräter der Ethik. Sie versprechen viel Gutes – und verursachen noch mehr Übles. Laut der amerikanischen Psychologin Ramani S. Durvasula (* 1965) handelt es sich meist um Narzissten, und sie benutzt den Begriff weniger im Sinne einer psychiatrischen Störung als eines Persönlichkeitsstils, gegen den kaum ein therapeutisches Kraut gewachsen ist. Die gefährliche Mischung aus Toxizität und Narzissmus – hier kurz *TN* genannt – ist der giftigste Teil einer Kultur, die auf Anspruchsdenken und Nicht-genug konditioniert ist (→ 9). TNs, das sind Menschen ohne Empathie, deren trügerisches Charisma sie als außergewöhnliche »Personalities« und vertrauenswürdige Vorbilder erscheinen lässt. In Wahrheit geht es TNs nur um ihre eigenen Interessen: Geld, Macht, Erfolg. TNs servieren Ihnen eine »schöne, gute und wahre« Wirklichkeit, die auf Täuschung, Manipulation und Zwang basiert – damit Sie ihnen geben, was sie wollen. Wenn Sie dieser Illusion erliegen, ist es, als würden Sie in einen Spiegel blicken, der nicht *Ihr* Gesicht, sondern *TNs* unantastbare Größe zeigt. Solange, bis Sie Schein und Sein, Trugbild und Vorbild verwechseln.

Als »Make America Great Again«-Populist Donald Trump den Erlöser der Nation mimte und ein tief gespaltenes Land hinterließ, war man entsetzt. Als die #MeToo-Bewegung die sexuellen Übergriffe des gefeierten Filmproduzenten Harvey Weinstein enttarnte, konnte man es kaum fassen. Auch die Machenschaften des vermeintlich hochseriösen Ex-NASDAQ-Vorsitzenden Bernie Madoff, der Investoren um 50 Milliarden Euro betrog, riefen weltweites Kopfschütteln und Entsetzen hervor. So viele hatten ihnen vertraut, sie bewundert, gar als Retter gesehen – so viele an ihre Integrität geglaubt. TNs müssen nicht prominent sein. Es gibt sie in allen Branchen, in Politik, Wirtschaft und sozialen Medien. Sie versprühen ihr Gift im Büro, auf Partys, in Kitas, an Universitäten, in der Familie, im Schlafzimmer. Sie sind überall. Und TNs sind nicht nur »männlich«. Deren Eigenschaften werden durch traditionelle Männlichkeitsnormen – Größe! Stärke! Macht! – bloß begünstigt. Frauen sind immer empathisch und also stets vertrauenswürdig? Von wegen. Die vorgebliche Erbin, Hochstaplerin und Betrügerin Anna

Sorokin, die ihre Geschichte an Netflix verkaufte, ist kein Einzelfall.

»Gier ist gut«, behauptet Michael Douglas alias Gordon Gekko in dem Film *Wall Street.* Er ruft eine Todsünde als ethischen Goldstandard aus, kürt das älteste Tabu zur neuen »Tugend«. Im realen Leben gibt niemand freiwillig zu, gierig zu sein, auch und erst recht nicht TNs. Ihre Gier nach Geld, Macht und Erfolg zeigt sich an der Kluft zwischen dem, was sie sagen, und dem, was sie tun. Was sie Ihnen und anderen *antun.* TNs beziehen ihren Einfluss (→ 7) nicht nur von »gutgläubigen« Menschen, sondern gerade auch von solchen, die an das Gute glauben und selbst dazu beitragen wollen. Wenn Sie motiviert sind, Ihre Arbeit besonders gut zu machen, so gut, dass es Ihren Chefinnen, Kollegen, Praktikanten auch gut geht, könnte das zu viel sein. Wenn Sie in Ihrem legitimen Bedürfnis, zu lieben und geliebt zu werden, jemandem immer nur Gutes tun, könnte das zu viel sein. Sie könnten von Ihrer Partnerin, Ihren Eltern oder Freunden – Leuten, von denen Sie dachten, sie würden Sie anerkennen oder gar lieben – missbraucht werden – im Zweifel so lange, bis Ihre seelische und körperliche Gesundheit Schaden nimmt. Sie fragen sich, wie es so weit kommen konnte.

- Ich habe sein/ihr Verhalten jahrelang entschuldigt.
- Ich habe einer Illusion vertraut.
- Ich habe den Sinn für die Realität verloren.
- Ich habe das Falsche für das Gute gehalten.
- Ich habe einen Menschen mit seinem Spiegel verwechselt.

TNs sind brillante Schauspieler. Sie glänzen in den Rollen der Guten, Rechtschaffenen, Anständigen, bis sie das Theater selbst fast für echt halten. Sie schauen in den Spiegel – und sehen Maria, Moses oder Mohammed. Die Heiligen der Arbeitswelt vermarkten ihre »Mission«, ihren »Purpose« als Allianz zwischen Samariterbund, Simone de Beauvoir und Martin Luther King, um andere energetisch und finanziell auszubeuten. Bis die so »gut« wirkenden TN-Chefs und -Chefinnen für ihre Täuschungen bestraft werden, kann es lange dauern. In der Zwischenzeit kriegen sie Preise und Pokale, weil sie sich so leidenschaftlich für Women Power, Diversity oder Nachhaltigkeit engagieren (oder sie loben selbst solche aus, um sich unangreifbar zu machen). Im Arbeitsalltag geben sie Ihnen nichts außer wohlklingende Versprechen, *damit Sie alles geben*. Ihre Kraft, Ihr Herzblut, Ihre letzten Überstundenreserven. Das Gleiche gilt im Privaten. »Liebe« ist ein dehnbarer Begriff. Für Sie mag Liebe mit Geben und Nehmen zu tun haben. Der Prophet oder die Heilige in Ihrem Schlafzimmer geht davon aus, dass Sie immer geben, ohne je nehmen zu wollen, ohne zu erwarten, dass Ihre Liebe warm und empathisch erwidert wird.

Gegen TNs ist niemand immun. Ihr Giftpfeil kann alle treffen. Jede/r, der an das Gute glaubt, ist empfänglich für positive Illusionen, besonders in Krisenzeiten. Echte Begegnungen (→ 4) sind mit TNs nicht möglich. Im Umgang mit ihnen sind daher nicht Vertrauen und Offenheit angesagt, sondern Selbstschutz. Warum? Weil sie Ihre Würde angreifen. Ihr und unser aller höchstes Gut, das niemand und unter keinen Umständen stehlen darf. *Ihre Würde ist das Herzstück Ihrer Menschlichkeit*. Würdelos und primitiv dagegen das typische TN-Verhalten. Es gibt da verschiedene ziemlich auffällige Warnsignale, die man übersieht, gerade weil sie so auffällig sind. Kennen Sie das von den Psychologen Christopher

Chabris (* 1966) und Daniel Simons (* 1969) durchgeführte psychologische Experiment zur selektiven Wahrnehmung, in dem ein als Gorilla verkleideter Typ durch eine Gruppe von Basketballspielern spaziert? So wie die meisten Probanden den Gorilla übersahen, so ignorieren wir allzu oft

- *das Signal der fehlenden Empathie*: Wenn die Hauptfigur eines Dramas mit einem Schicksalsschlag kämpft, heulen TNs wie Schlosshunde, aber wenn ein Mensch vor ihren Augen leidet, fragen sie genervt: »Ist was?« und drehen sich um. TNs lässt so gut wie alles kalt, sie reagieren jedoch schrecklich empfindlich, sobald es um ihren eigenen Status geht. TNs sind hochgradig oberflächlich. In andere können sie sich überhaupt nicht einfühlen, ihnen nicht zuhören, nicht für sie sorgen, sie nicht trösten. Wenn es ihnen nutzt, *spielen* sie »empathisch« – am liebsten vor Zeugen.
- *das Signal der großen Versprechen*: Erinnert man TNs ganz sachte an ihre Versprechen, folgen schnell weitere Versprechen: »Oh ich weiß, ich schulde dir dies, das und jenes, aber ich hatte dies, das und jenes um die Ohren! Nur noch ein wenig Geduld – ich tue doch alles für dich/unsere Sache/unser Land/das Wohl der Menschheit!« TNs sind meisterliche Storyteller. Sie malen Ihnen in immer neuen Farben eine grandiose Zukunft, in der endlich alles gut werden wird. In der Sie alles, wirklich alles zurückkriegen werden, was Sie ihnen so vertrauensvoll gegeben haben. Doch dieser Zeitpunkt kommt nie.
- *das Signal der Überwachung*: TNs Methode, um an Geld, Macht und Erfolg zu kommen, ist klar vorgezeichnet: Erst tolle und immer tollere Geschichten und dann – um

das ihnen entgegengebrachte Vertrauen abzusichern – Kontrolle und noch mehr Kontrolle. Sie wollen eigene Entscheidungen treffen? Oder überhaupt mehr Freiräume? Vergessen Sie's. Sie wollen mal wieder eine Freundin treffen oder zum Sport gehen, statt ständig mit TNs abzuhängen? Können Sie vergessen. »Was hast du vor, was machst du da, gibst du bitte vorher Bescheid?« Wenn nicht, droht Strafe.

- *das Signal der Vernebelung*: Die gemeinste TN-Strategie heißt »Gaslighting«, benannt nach einem Psychothriller, in der der Mann der Protagonistin (Ingrid Bergmann) versucht, sie in den Wahnsinn zu treiben. Gaslighting – 2022 vom traditionsreichen amerikanischen Wörterbuchverlag Merriam Webster zum »Wort des Jahres« gekürt – setzt den gesunden Menschenverstand außer Kraft. Wahrheit wird mit Lüge vernebelt: »Oh nein, das habe ich so gar nicht gesagt. Du verdrehst mir die Worte im Mund. Du hast überreagiert. Du kannst keine Bilanzen lesen. Kann es sein, dass du Hilfe brauchst?« Auf der Website der Krankenkasse Barmer wird Gaslighting als »eine Form von psychischer Gewalt« bezeichnet. Doch es ist viel mehr als das, es ist eine Beeinträchtigung Ihrer ethischen Identität: der ganz banalen Fähigkeit, Gutes zu tun, wann immer es in Ihrer Macht steht (→ 8). Wie kann man gut sein, wenn man in seinem Selbstsein erschüttert ist?

TNs führen weg vom banalen Guten. Sie bringen Sie dazu, sich zu verlieren. Sie verwechseln Trugbild mit Vorbild, Gutsein mit Grandiosität. »Groß« sind TNs nur in den Fächern Selbsterhöhung und Selbstbespiegelung. Wahre Größe liegt in der Fähigkeit, Wertschätzung, Liebe und Mitgefühl für sich selbst und andere zu kultivieren. Nicht irgendwann. Jetzt.

Vom Loslassen

Der Weg zurück zum Guten ist kein Spaziergang. Wenn Sie sich von den TNs lösen und sich wieder darauf besinnen, wer und was Sie wirklich sind, wird dieser Weg aber nach und nach leichter. Wie in einem Gleichnis aus der persischen Mystik, das ich in einem Buch des Psychiaters Nossrat Peseschkian kennengelernt habe – hier in meiner »aktualisierten Version«:

Eine Wanderin mit Rollkoffer geht langsam eine unebene Straße entlang. Links und rechts der Straße: Wüste, so weit das Auge reicht. Es ist ein heißer Sommer, trotzdem trägt sie einen Kunstpelzmantel. Unter dem linken Arm trägt sie Akten und Laptop, unter den rechten Oberarm hat sie drei Hanteln geklemmt. Ihre Ober- und Unterschenkel sind mit extrabreiten Trainingsbändern umwickelt, weshalb sie nur Trippelschritte tun kann. Irgendwann um die Mittagsstunde kommt ihr ein Bauer entgegen: »Hallo, du, warum belastest du dich mit diesen Felsbrocken?« Erst jetzt bemerkt die Wanderin, dass aus ihren Manteltaschen lauter schweres, spitzes Geröll herausragt. Sie wirft die Last weit von sich. Nun fühlt sie sich viel leichter und trippelt weiter, bis ihr eine Bäuerin entgegenkommt: »Sag mal, was balancierst du da auf deinem Kopf?« Erst jetzt bemerkt die Wanderin den halbfaulen Kürbis auf ihrem Haupt, der die ganze Zeit auf ihre Stirn drückte, und schiebt ihn herunter.

Jetzt fühlt sie sich noch viel leichter. Sie kann klarer denken und fühlen. Wieder trippelt sie ein paar Schritte, bis ihr die nächste Bäuerin entgegenkommt: »Hey, warum schleppst du einen Sandsack, wenn hier doch tonnenweise Sand rumliegt?« Erst jetzt bemerkt die Wanderin den gigantischen Sandsack auf ihrem Rücken. Sie reißt den Sack auf und füllt mit dem herausrinnenden Sand ein Schlagloch. Sie fühlt sich leicht und befreit. Sie geht nicht weiter. Sie bleibt einen Augenblick stehen und blickt in die untergehende Sonne. Dann schiebt sie den Griff ihres Rollkoffers nach unten, zieht den viel zu dicken Kunstpelzmantel aus, streift die Trainingsbänder ab und legt Aktenmappe, Laptop und Hanteln auf den Boden. Die letzten Sonnenstrahlen schicken ihr die Erleuchtung. Sie blickt an sich herab. Da hängt ein riesiger Mühlstein, der an einem ausgefransten Strick um ihren Hals befestigt ist. Sie lächelt. Klar, es war der Stein, der sie noch so gebückt trippeln ließ! Sie bindet ihn los und legt ihn neben die Hanteln. Dann schlägt sie beschwingt, fast tänzelnd eine andere Richtung ein. Dorthin, woher die Bauern kamen. Zu den Menschen zurück.

Seit vielen Jahren sind Sie mit einer Frau verheiratet, die nur an sich denkt, Sie betrügt und mehr für die sozialen Medien lebt als für Sie und die Kinder. Trotz allem lieben Sie Ihre Frau, auch, weil sie nach jedem Fehltritt Besserung verspricht. Sie sind zutiefst verunsichert, ob Sie gehen oder bleiben sollen …

Erinnern Sie sich an den Beginn Ihres Kennenlernens? Fühlten Sie eine extreme Euphorie, dachten Sie, Sie hätten den Jackpot geknackt, weil Sie den außergewöhnlichsten, erfolgreichsten, liebevollsten, erotischsten Menschen der

Welt gefunden hatten? Vermutlich war es ein enthemmtes Ichideal (→ 9), in das Sie sich verliebten. Es ist Ihre Entscheidung: Wenn Sie bleiben wollen, schrauben Sie Ihre Erwartungen ein paar Kilometer nach unten. Hören Sie auf zu hoffen, dass Ihre Frau sich ändern wird. Statt darauf zu vertrauen, dass sie ihre Versprechen wahr macht, erobern Sie lieber Ihr Vertrauen in sich selbst zurück. *Indem Sie Dinge tun, die Sie lieben.* Treffen Sie andere Menschen, treffen Sie Freunde, tun Sie anderen Gutes. Das ist der beste Weg zurück, nicht nur zu sich selbst, sondern auch zum langsamen Glück. Wenn Sie gehen wollen, machen Sie sich auf Vergeltungsschläge gefasst, etwa einen schlimmen Sorgerechtsstreit. Es wird nicht leicht, aber es wird leichter, wenn Sie andere an Ihrer Seite haben. Menschen, die Sie und die Kinder, falls nötig, im Trennungsprozess finanziell unterstützen, bei denen Sie wohnen, wieder aufleben, ausatmen können. So oder so: Lassen Sie los von der Illusion – und umarmen Sie die Realität.

Sie schätzen Ihren schlecht bezahlten Job in einem gemeinnützigen Unternehmen wegen der netten Kolleginnen, die genauso engagiert sind wie Sie selbst. Ihr Boss ist weniger nett. Er kontrolliert Sie ständig und fordert immer mehr Leistung von Ihnen, obwohl Sie alles für ihn und die Firma tun.

Legen Sie einen Ordner an, um die Kommunikation mit Ihrem Chef zu dokumentieren; alle E-Mails, alle Whatsapp - und Slack-Nachrichten könnten zählen, um sich zu einem späteren Zeitpunkt vor Lügen und ungerechtfertigten Vorwürfen zu schützen – und Ihren Realitätssinn zu bewahren. Schauen Sie sich nebenbei nach einem anderen Job um. Sie hängen aber so an den netten Kolleginnen? Blättern Sie zu → 5 zurück und schlagen Sie den Unterschied zwischen »nett« und »freundlich« nach. Es könnte sein, dass die Nettigkeit der Kolleginnen genauso falsch ist wie die »nette« Fassade, die Ihr Chef immer dann rauskehrt, wenn es gilt, die Gemeinnützigkeit seiner Firma zu promoten. Wer in diesem Umfeld genauso engagiert ist wie Sie selbst, lässt sich genauso ausbeuten wie Sie: aus Angst vor Strafe, aus Angst, das letzte bisschen Wertschätzung zu verlieren. Ein »nettes«, harmonisches Arbeitsklima kann trügerisch sein. Wenn Sie feststellen, dass die Harmonie auf Ihre Kosten geht, dass Sie seit Langem unkonzentriert und müde, manchmal sogar leicht depressiv sind, ist es Zeit zu gehen.

Sie haben Ihrem Freund im Laufe der Zeit gut 15 000 Euro geliehen. Seit fast einem Jahr bitten – betteln! – Sie, dass er Ihnen das Geld zurückgibt. Er hatte es versprochen. Nach jedem Telefonat, jedem Chat mit ihm fassen Sie neue Hoffnung, sind aber auch hochgradig verunsichert.

Gewöhnen Sie sich an den Gedanken, Ihr Geld nie wiederzusehen. Da der Freund immer neue Ausreden findet, statt Klartext zu reden, ist eine »Besserung« unwahrscheinlich. Auch kommunikatives Rumeiern ist eine Form von Gaslighting. Um Ihr Hirn und Herz zu schützen und Ihre Gesundheit nicht zu gefährden, sollten Sie den Kontakt abbrechen. Ihr Leben kann Ihnen und anderen noch so viel Gutes bescheren; Sie selbst können bei so vielen anderen Gelegenheiten großzügig sein – nur nicht um den Preis der Würdelosigkeit.

9

DAS ABSOLUTE:

Was nötig ist

Man kann sie weder sehen noch riechen, sie ist unsichtbar wie der sogenannte Zeitgeist, der luftig über die Dekaden zieht. Aber man kann sie spüren: die Verunsicherung. Nach Jahrzehnten im relativen Wohlfühlmodus ist sie wieder in den Vordergrund gerückt. Vielleicht zittern Sie gerade vor der Mieterhöhung oder bangen um Ihren Job. Vielleicht hat Ihr Freund, bei dem immer alles super lief, plötzlich Geldsorgen. Und Sie fragen sich: Was, wenn es mir bald auch so geht? Es muss nicht so sein, aber es könnte. Verunsicherung ist ein massiver Störfaktor – ähnlich wie ein Wasserrohrbruch, der Ihnen die Freude über Ihre Beförderung verdirbt. Beides engt Ihren Radius auf sich und Ihre eigenen Sorgen ein. Beides lenkt ab vom Glück und vom Guten. Nur: Der Wasserrohrbruch ist konkret, die Verunsicherung ein ziemlich abstraktes Gebilde.

Seit 2020 macht das Schlagwort »Neue Normalität« die Runde. Ein interessanter Begriff, denn darin steckt (tiefenpsychologisch betrachtet) der *unbewusste* Wunsch nach einem grandiosen Remake des Alten – das genaue Gegenteil von Verunsicherung: ein trotziges Nicht-genug-Haben. Schneller, weiter, höher, *mehr.* Jetzt aber »neu«, jetzt erst recht! Man ist verunsichert, fürchtet die Folgen von Klimawandel, Krieg und Migration und will dennoch im Wohlfühlmodus weiterwursteln. Daher reagiert die Politik mit immer neuen Digitalisierungsoffensiven und Milliardenpaketen – damit die Unsicherheit ein Ende hat, die Wirtschaft wachsen kann und alles sich wieder anfühlt wie früher – nur besser. Doch was, wenn die Verunsicherung bleibt? Werden wir je genug haben?

Noch ist es nicht so weit. Noch sitzt das Nicht-genug fest im Sattel und schafft einen Wettbewerbsdruck, der nicht nur Großkonzerne unterjocht, sondern auch in Ihr eigenes Leben hineinwirkt. Auch dann, wenn Sie gerade keine Kraft mehr haben und lieber eingerollt wie eine Raupe auf der Couch liegen. Nicht jede/r hat die Möglichkeit, die Chance oder den Willen, ein KI-Start-up aufzuziehen oder in Dubai das große Ding zu drehen. Selbst wenn Sie lieber Meditation betreiben, spüren Sie den Druck, mithalten zu müssen. Es geht mitnichten nur ums Geldverdienen, sondern darum, *aus sich und Ihrem Leben etwas zu machen*. Und zwar etwas möglichst Großartiges, Vorzeigbares, Wertiges. Eine Karriere, eine »bessere Hälfte«, ein Kind, einen fitten Körper, eine sinnstiftende Tätigkeit – irgendetwas müssen Sie erreichen, kriegen, haben, im Zweifel in mehrfacher Ausführung. Doch egal, was es ist, in diesem System wird es nicht genügen – *Sie* werden nicht genügen.

Nicht-genug ist der siamesische Zwilling der Verunsicherung. Das eine bedingt das andere, beide wollen mehr. Mehr Sicherheit, mehr Geld, mehr Liebe, mehr Anerkennung. »Mehr« kann nie »genug« sein. Wenn Sie sich mehr Liebe von Ihrer Partnerin wünschen, ist klar, was Sie wollen. *Noch* mehr Liebe. Sofern es sich bei Ihrer Partnerin um ein menschliches Lebewesen handelt, wird sie unfähig sein,

Ihnen zuverlässig mehr zu liefern. Sie wird – qua Mensch – zwischendurch versagen, Ihnen nicht genug Küsse, nicht genug Umarmungen, nicht genug Erdnussflips oder was auch immer Sie mit »mehr Liebe« verbinden, geben. Nie werden Sie ans Ziel des Mehr kommen: *das Absolute.* Natürlich wissen Sie, dass es die absolute Liebe, den absoluten Erfolg, das absolute Glück, die absolute Güte nicht gibt. Es handelt sich um Illusionen von »Traumschiff«-artigem Charakter. Das Absolute ist ein maßloses Extrem. Sie sind intelligent genug, um nicht bewusst danach zu suchen. Sie streben *unbewusst* danach. Sie glauben, es haben zu müssen.

Maßlosigkeit prägt unsere Kultur seit Jahrtausenden. Die griechischen Philosophen sprachen von Pleonexie (von altgriechisch *pleon* für »mehr« und *echein* für »haben«). Was Aristoteles »rechtes Maß« nannte, die Mitte zwischen zwei Extremen – etwa zwischen Großzügigkeit und Verschwendung, zwischen Größenwahn und Selbstunterschätzung –, konnte sich nicht durchsetzen. Die Menschheit hielt sich nicht daran, bis heute. Auch die 3. Jahrtausendwende hat uns weder Maß noch Mitte beschert. Mehr denn je scheinen wir verlernt zu haben, die richtigen Fragen zu stellen.

- Warum ist »genug« nie genug?
- Was fehlt mir wirklich?
- Was wäre, wenn ich alles hätte (Sicherheit, Liebe, Erfolg)?
- Kann das Absolute glücklich machen?

Wenn wir verlernen, die richtigen Fragen zu stellen, vergessen wir, wir selbst zu sein. Angenommen, Sie sind 1,72 Meter groß, 49 Jahre alt, männlich und tragen einen winzigen Bauch vor sich her. Nehmen wir ferner an, dass Sie eigentlich zufrieden sind mit Ihrer Größe, Ihrem Alter, Ihrem Gewicht. Trotzdem meckert da etwas in Ihnen herum: eine Stimme, die Ihnen eintrichtert, Sie seien nicht groß genug, nicht schlank genug, nicht jung genug. Zuzüglich zu Ihren weiteren Mängeln: nicht kompetent genug, nicht agil genug, nicht empathisch genug. Sigmund Freud (1856–1939) würde sagen: Was da zu Ihnen spricht, ist Ihr *»Ichideal«*, das unbewusste Vorbild, dem sich jeder Mensch anzugleichen sucht, indem er es als »sein Ideal vor sich hin projiziert« – als »Ersatz für den verlorenen Narzissmus seiner Kindheit«, wie der Begründer der Psychoanalyse schrieb. Das Ichideal ist wie ein größenwahnsinniges Kind Weltmeister des Nicht-genug. Es ist ein narzisstisches (→ 8) Ungeheuer, das auf Maß und Mitte pfeift. Seine Pleonexie ist nicht zu bremsen. Es befiehlt Ihnen, übermenschliche Kräfte zu mobilisieren, um ihm gerecht zu werden, *alles* aus sich und Ihrem Leben zu machen, ästhetisch, seelisch, geistig, bis … ja, was eigentlich? Das Ichideal ist eine Illusion. Es macht Sie glauben, nicht genug – nie genug – zu sein. Egal, ob es um Ihr Äußeres oder Ihr Inneres geht, ob Sie gerade befördert wurden oder die Miete nicht mehr bezahlen können, Ihre innere Stimme gibt Ihnen immer neue Gründe, verunsichert zu sein. Sich minderwertig gegenüber Ihrem Ideal zu fühlen. Zu vergessen, was es heißt, *Sie selbst zu sein. Glücklich. Gut – gut genug.*

Seit Freud das Ichideal erstmals beschrieb, haben wir zwei Weltkriege, Kalten Krieg, Ölkrise, Finanzkrise und etliche andere »Neue Normalitäten« erlebt. Irgendwann im Zeitraum von 1914 bis 2023 ist das Ideal aus dem Käfig des Ich ausgebrochen. Längst ist es nicht mehr nur ein Faktor im Unbewussten jedes/r Einzelnen, es hat sich vielmehr öffentlich, in der Mitte der Gesellschaft breitgemacht, und zwar als allseits akzeptierte Norm, als Standard dessen, was normal sein soll. Wie die Sozialwissenschaftler Andreas Reckwitz (* 1970) und Hartmut Rosa (* 1965) ausführen, sind heute Verunsicherung und Nicht-genug die Motoren einer chronischen »Überforderung des Selbst«, das nicht es selbst sein darf. Weil es nie schwächeln, nie schrumpfen, nie unterdurchschnittlich daherkommen darf, sondern immer etwas aus sich und seinem Leben machen muss, immer geliebter, erfolgreicher, resilienter, *mehr* werden muss. Mehr als das jeweilige Selbst selbst. Das absolute Selbst.

- Die Wirtschaft muss wachsen!
- Du musst mithalten!
- Du selbst musst wachsen!
- Aber wohin?

Das Ichideal ist der geheime Motor des Nicht-genug. Es führt Sie weg vom Glück und vom Guten. Weg vom lebendigen Gemeinsamen (→ 7) in die Kälte der Illusion. Jedes Mal, wenn Sie sich ihm (unbewusst) anzupassen versuchen, wächst Ihre Verunsicherung, und darüber vergessen Sie das Gute. Doch das Gute ist immer genug, und vor allem ist es real, da es in Ihrer Hand liegt. Es sorgt *jetzt* dafür, dass Sie, ich, wir alle eine Zukunft haben, in der wir frei denken, fühlen und handeln können und uns quicklebendig fühlen.

Verunsicherung ist unnötig. Nötig ist, dass Sie sich als freier Mensch in Ihren authentischen Gefühlen, Anlagen und Fähigkeiten entfalten können, solange es geht. Irgendwann hat alles ein Ende, auch und erst recht das Mehr. Am Ende steht der Tod (→ 17) – der ehrlichste, hilfreichste Maßstab im Umgang mit Absolutheitsfantasien. Ewiges Wachstum, dauerhafter Erfolg, nachhaltige Liebe liegen nicht in Ihrer Hand. Im Bemühen darum, besser zu werden, als Sie sein können, verlieren Sie sich. Was wächst, ist nur der Narzissmus. Die Menschlichkeit bleibt auf der Strecke. Etwas aus sich und dem eigenen Leben zu machen, sollte mit der Gestaltung einer guten, glücklichen, sinnvollen Existenz zu tun haben – nicht weniger, aber auch nicht mehr. Wenn Sie vor zehn Minuten gefeuert wurden oder eine medizinische Schockdiagnose erhalten haben, *können* Sie eben gerade nicht mehr können. Denn Sie können nichts ändern und schon gar nicht verbessern, was (jetzt) nicht zu ändern ist. Kein Mensch kann das. Weil es mit äußeren Umständen zu tun hat, die außerhalb unseres Einflussbereichs liegen. Die hilfreichsten Einsichten im Umgang mit Verunsicherung und Nicht-genug stammen von den antiken Stoikern: Alles, was außerhalb Ihrer Fähigkeiten und Möglichkeiten liegt, ist letztlich egal. Äußere Ereignisse sollten Sie wenig angehen: Sie kümmern sich nicht um Sie, also sollten Sie sich nicht um sie kümmern. Für die Stoiker war *Gleichgültigkeit gegenüber kleinsten und größten Übeln* – von der kaputten Waschmaschine bis hin zum Tod – das klarste Indiz für Weisheit. Nur wenn Ihnen egal ist, was jetzt oder dauerhaft jenseits des eigenen Einflussbereichs liegt, können Sie die Dinge so sehen, wie sie wirklich sind, abzüglich eigener Werturteile: *gleich-gültig*. Nur so gelangen Sie von einer subjektiven Nicht-genug-Warte zu einer objektiv-umfassenden Perspektive, die das irdische Geschehen vom Standpunkt des Kosmos aus einordnet. Vom All aus gesehen schnurrt jede Großbaustelle, jedes Problem, jeder Schrecken zu einem winzigen Punkt zusammen. Umgekehrt, glaubten die Stoiker, kann jede Tat, die von Hirn und Herzen kommt und unsere Menschlichkeit zum Ausdruck bringt, zu einem ganzen Sonnensystem anwachsen und die Welt mit Glück erfüllen. Eine warme Geste, ein ehrliches Hilfsangebot, eine überraschende finanzielle Unterstützung, irgendwas ist immer möglich – trotz aller Widrigkeiten und gerade deshalb.

- Wie viel Gutes gibt es, das ich in diesem Moment für andere tun kann?
- Und wie wenig kann ich am Weltgetriebe drehen?

Vom Genügen

Das Unveränderliche, »Inakzeptable« zu akzeptieren, ist die beste Methode, um sich nicht zu verlieren – man selbst zu bleiben, egal, was war, ist und sein wird. Wenn Sie im Bewusstsein leben, dass sogar der Tod für etwas gut ist – nämlich das Nicht-genug zu beenden –, vollzieht sich in Ihnen ein Wandel. Ihre Wärme kehrt zurück. Und Sie sehen klar und deutlich, was nötig ist, um mit Verunsicherung kurzen Prozess zu machen.

Nötig ist ein verantwortungsvoller Gebrauch der eigenen Freiheit. Ob endloses Wirtschaftswachstum oder unendliche Selbstoptimierung – beides geht auf Kosten der Natur, der Gerechtigkeit, der Menschlichkeit selbst. Ihre Verantwortung sollte die Basis, nicht die Folge Ihrer Freiheit sein. In der Sekunde, in der Sie sich für Ihr (langsames) Glück selbst verantwortlich fühlen, sind Sie auch frei, Verantwortung für andere zu tragen – sie nach Maßgabe Ihrer Möglichkeiten zu stützen, für sie da zu sein, ihnen zuzuhören. In dem Moment sind Sie nicht mehr verunsichert. Sie haben genug, Sie *sind* genug. Gut genug, glücklich genug. Trotz aller Umstände.

Genauso nötig ist echtes Mitgefühl für Ihre Person. Wenn Sie zwischen sechs und zwanzig Uhr (oder länger) auf Nicht-genug geeicht sind, verengt sich Ihre emotionale Bandbreite auf das Standardrepertoire »müde«, »gestresst« und »genervt«. Sei resilient und noch resilienter, ruft Ihnen Ihr Ichideal zu. Und meint, dass Sie schwierige, verunsichernde Zeiten nicht nur irgendwie meistern – sondern gefälligst auch noch gestärkt daraus hervorgehen sollen. Das kann nicht gut gehen. Gut sein zu anderen können Sie nur, wenn Sie gut zu sich selbst sind. Ihre verantwortliche Freiheit und Ihr Mitgefühl für die unvollkommene, verletzliche Person, die Sie sind und bleiben werden, markieren das Ende des Mehr – und den Beginn eines inneren Wandels.

Ihre berufliche Neuorientierung fordert Ihre ganze Kraft. Sie kommen kaum noch zu sich, fühlen sich zerrieben zwischen Anträgen und Amtsgängen einerseits und familiären Verpflichtungen andererseits.

Feuern Sie Ihr Ichideal. Das geht ganz einfach, auch ohne Antrag. Wenden Sie sich Ihrem Körper zu. Versuchen Sie, einzelne Teile dieses Körpers zu spüren, Ihre Arme, Beine, Füße. Ihre Handflächen, Ihre Stirn, Ihren Nacken. Machen Sie sich bewusst, dass es *Ihr* Nacken, *Ihre* Stirn, *Ihre* Lippen sind – und dass da Leben in diesen Körperteilen steckt, Ihr Leben, *Ihre* Wärme. Bewusst empfundene Lebendigkeit und Freiheit bringen das unbewusste Ichideal zum Schweigen, das immer mehr von Ihnen will, auch und erst recht, wenn Sie völlig erschöpft sind. Ihr Ichideal engt Sie ein, weil es viel zu viel von Ihnen verlangt. Es nimmt Ihnen den inneren Raum, den Sie brauchen, um Sie selbst sein zu können. Erobern Sie sich diesen Raum zurück, indem Sie wieder lernen, *in* Ihrem Körper zu leben (statt *für* Ihre To-dos). Ist Ihnen in diesem Moment Ihre Schulter-Nacken-Partie gegenwärtig, erinnern Sie sich automatisch an das, was Sie ganz vergessen hatten: dass Sie existieren. Dass Sie ein Mensch sind, der ein- und ausatmet und alles Wesentliche in sich trägt. Menschlichkeit. Wärme. Üben Sie Körperwahrnehmung in jedem Wartezimmer, vor jeder roten Ampel. Statt sich von Ihrer inneren Stimme ein »nicht schnell genug« eintrichtern zu lassen, nutzen Sie die Zeit, um sich an Ihr linkes Knie zu erinnern. Schenken Sie diesem Körperteil ein wenig Mitgefühl. Das ist völlig genug. Worauf warten Sie?

Ständig weisen Ihre über siebzigjährigen Eltern Sie darauf hin, dass Sie dankbar sein sollen dafür, was Sie alles haben. Was Ihnen zugegebenermaßen sehr schwerfällt – da Sie immer mit allem unzufrieden sind.

Als Angehörige der Nachkriegsgeneration wissen Ihre Eltern, was Verunsicherung heißt. Sie haben erfahren, dass Krisen kommen und gehen und dass nichts ewig währt, und zugleich gelernt, stoisch-weise damit umzugehen. Nehmen Sie sich ein Beispiel an ihnen. Konzentrieren Sie sich weniger aufs Mehr und mehr aufs Weniger. Sie müssen ja nicht gleich für *alles* dankbar sein – nur für das, was Ihnen selbstverständlich erscheint. Was vermutlich sowieso schon eine ganze Menge ist: zum Beispiel das Wasser, das aus der Leitung fließt. Ihr ungetrübtes Augenlicht. Oder die Tatsache, dass Sie zwei Beine besitzen, die ziemlich schnell rennen können. Dankbarkeit ist ein Ritual, das Ihnen klarmacht, wie viel Freiheit Sie besitzen, und Ihren ausgetrockneten inneren Speicher mit Wärme füllt. Wenn Sie sich klarmachen, wie viel es gibt, das Ihnen selbstverständlich – »normal« – erscheint, vielen anderen Leuten aber nicht, finden Sie kaum noch Anlass zur Unzufriedenheit. Dafür umso mehr Gelegenheiten zum Gutsein und Glücklichsein.

Sie waren in x-verschiedenen Jobs tätig und haben diverse Persönlichkeitsentwicklungs-Seminare besucht. Sie sind ein flexibler Teamplayer, hochgradig selbstreflektiert und beherrschen fünf Softwareprogramme gleichzeitig – haben aber für all das nie wirklich Anerkennung bekommen. Ihre Begeisterung, »etwas aus sich zu machen«, geht inzwischen gegen null.

Falls Sie unter Anerkennung eine fürstliche Bezahlung, Lob oder Bewunderung verstehen: Aus philosophischer Sicht sind das Extrageschenke, die das Ego streicheln – die aber nicht jede/r kriegt (und die erst recht nicht allen zustehen). Was wirklich zählt, ist, dass man Sie als verantwortungsvollen Mensch anerkennt. Wenn jemand Sie so sein lässt, wie Sie sind, kann er oder sie das Beste in Ihnen hervorbringen: die Fähigkeit, gut zu sein. Freunde tun das oder ein liebender Ehepartner. Wenn Sie weder Freunde noch Partner haben, ist Stoizismus das Mittel der Wahl. Durchbrechen Sie die Ego-Perspektive und versuchen Sie, sich als Teil des Kosmos zu sehen. Sie sind nur ein Stäubchen im All – können dafür aber für einen, zwei oder mehr Menschen viel Gutes bewirken. Sie wollen nichts mehr »aus sich machen«? Müssen Sie auch nicht. Sie sind nämlich fähig, etwas aus Ihrer verantwortlichen Freiheit zu machen. Sie können für andere da sein – das ist genug; das genügt immer. Als flexibelster aller Teamplayer erweisen Sie sich, wenn Sie Ihre eigene Verunsicherung vergessen. Weil Sie wissen, dass irgendwo immer jemand wartet: ein Mensch, der Sie schätzt, weil Sie ein Mensch sind.

10

DIE BANALITÄT DES GUTEN:

Wärme

Wärme gehört zum menschlichen Leben wie der Atem. Die erste Erfahrung von Wärme machen wir im Mutterleib. Wir werden geboren und auf den Bauch unserer Mutter gelegt. Wir spüren ihre warme Haut, riechen ihren warmen Geruch. Ohne die Wärme und das Licht der Sonne gäbe es unsere Spezies nicht. Wenn unsere Vorfahren nicht das Feuer und seinen Nutzen entdeckt hätten, gäbe es keine menschliche Kultur, keine Zivilisationen, kein Miteinander. Wärme ist existenziell wichtig nicht nur, um zu überleben, sondern auch, um jeden neuen Tag mit Elan und Hoffnung zu starten. Egal, was der alte gebracht hat.

Wo humane Temperaturen herrschen, entstehen Beziehungen, die uns durch alle Wirrnisse hindurch tragen und prägen. Warm setzt sich über Entfremdung und Gleichgültigkeit hinweg. Wärme vermittelt das Gefühl, in einer kalten Welt geborgen zu sein. Jemand, der zu wenig menschliche Energie abbekommt, kann die Herausforderungen des Alltags schlecht meistern. Wer einsam ist, friert. Keine Heizdecke der Welt kann die Empfindung menschlicher Kälte ungeschehen machen – wohl aber eine feste Umarmung. Das Bedürfnis nach Wärme begleitet uns bis zum Tod. Sogar Menschen mit fortgeschrittener Demenz, die sich an nichts mehr erinnern können, »antworten« auf körperliche Zuwendung.

Der griechische Philosoph Heraklit sah Wärme und Kälte nicht als starre Gegensätze, sondern als gegenläufige Strömungen, die ineinander übergehen und auseinander hervorgehen. Das Kalte braucht das Warme, wie die Nacht den Tag. Das soziale Leben ist in den Lauf der Natur integriert. Es ist von Wärmeflüssen durchzogen, die Sie selbst miterzeugen – wenn Sie überschüssige Wärme an Fröstelnde abgeben, entsteht soziale Wärme. Sie brauchen kein Verständnis von Thermodynamik, keine theoretische Wärmelehre, um zu verstehen, warum ein Mensch jetzt Ihr Feuer, Ihr Mitgefühl, Ihre Berührung braucht. Ein funktionsfähiges Innenleben genügt völlig.

- Ohne Herzenswärme keine guten Taten.
- Ohne Herzenswärme keine klaren Gedanken.
- Ohne Herzenswärme kein glückliches Leben.

Die wohltemperierte Dialektik von warmem Gefühl und kühlem Geist ist ein wichtiger Teil des banalen Guten.

Warm ist nah. »Nestwärme« verweist auf die Mindesttemperatur, die das Heim eines eierlegenden Tiers haben muss, damit sich das Gelege bis zur Reife entwickeln und ein gesundes Jungtier daraus schlüpfen kann. Nester der Nähe und Intimität können überall aufpoppen. Wärme geht von einer Wohnung, einem Gespräch, einem fremden Menschen aus. Sie haben jemanden eben erst kennengelernt und fühlen sich ihm/ihr »nah«, ohne es erklären zu können. Plötzlich ist da eine wohlige Empfindung, die alles leichter macht.

Wenn Sie dem stets besorgten Kollegen, der Ihnen in seiner in sich gekehrten Art fremd ist, Wärme schenken, geben Sie ihm die Möglichkeit, sich hier und jetzt Zuhause zu fühlen. Er runzelt wieder mal vielsagend die Stirn, und Sie fragen nicht, warum. Sie berühren bloß kurz und freundlich (→ 5) seine Schulter – und heben so die Distanz zwischen Ihnen auf. Nur zwei Sekunden lang. Zwei Sekunden genügen, um den Wärmefluss zu aktivieren. Menschlich wohltemperierte Orte sind »Daheim« für alle, die nicht (mehr) wissen, wohin und zu wem sie gehören. Leute mit Migrationshintergrund, psychisch labile oder hochsensible Leute, Leute, die mit dem permanenten Erfolgsdruck nicht zurechtkommen. Man sieht Menschen nicht an, was sie bewegt. Niemand kann wissen, welche Kämpfe Sie selbst in Ihrem Inneren austragen. Sie sind Sie, ich bin ich, Helga ist Helga und Hassan Hassan. Wärme überbrückt die Entfernung zwischen den »Ichen«, baut ein Nest, in dem sich alle wärmen können, obwohl jede/r anders für die/den andere/n ist; eine Gemeinschaft, in der jede/r er/sie selbst sein darf.

Warm gibt Raum. Es ist ein Gefühl, das man körperlich und seelisch spürt und das den Gedanken neuen Schwung verleiht. Wo eine enge Hütte war, entsteht ein ausgedehnter Palast, in dem sich atmen, fühlen, lachen lässt. Warm ist der Verbindungsraum zwischen Ich und Du, der Starrheit in Lebendigkeit verwandelt. Wer Ihnen warme Blicke schenkt und dabei kühl und sachlich eine ernste Angelegenheit mit Ihnen bespricht, gibt Ihnen das Gefühl, Sie *unbedingt* ernst zu nehmen und *in jedem Fall* zu respektieren, egal, was Sie erwidern werden. Die Ihnen entgegengebrachte Wärme klärt Ihr Denken von den Eintrübungen, die aus Vorurteilen und Befürchtungen resultieren. Sie hören auf, sich über mögliche Verteidigungsstrategien den Kopf zu zerbrechen. Sie streifen Ihre imaginäre Rüstung ab und öffnen sich unterschiedlichen und sogar konträren Positionen. Man kann sich in seiner je individuellen Eigenart artikulieren, weil man spürt, *als Mensch* akzeptiert zu sein. Im Palast der Wärme bilden Körper, Seele und Geist eine Einheit. Hier kann sich Menschlichkeit bis in die letzte Besenkammer ausbreiten. Sie fließt von der nie versiegenden Quelle im obersten Stock bis hinunter zum Keller, vereinigt sich mit anderen Wärmeströmungen, wechselt ständig die Richtung. Sie selbst können diese Quelle sein. Vorausgesetzt, Sie reservieren ein gutes Quantum wärmendes Mitgefühl auch für sich selbst (→ 8). Wenn Sie den liebevollen, sorgenden Umgang auch mit sich pflegen, geht Ihr innerer Ofen zu keiner Zeit aus. Ihnen gelingt der ganz banale Händedruck auch in nervösem oder ängstlichem Zustand. Die Hand, die eine andere hält, ist der prächtigste Schutzraum gegen die Kälte.

Warm ist real. Fake News und Fake People sind Kinder des digitalen Zeitalters. Fake Wärme ist das Produkt einer oberflächlichen Gesellschaft. Fake Wärme ist Kälte, die – für eine bestimmte Zielgruppe – warm spielt (→ 6, 7, 9). Echte Wärme tut nicht »als ob«, sie verschenkt sich unabhängig von menschlichen Unterschieden. Sie steckt in der Frau, die trotz ihrer tausend Termine stehen bleibt, um jemandem zuzuhören; in dem Kind, das seine Schritte verlangsamt, damit der kleine Bruder mithalten kann; in dem Mann, der einen ehemaligen Freund wiedertrifft und ihn spontan umarmt, obwohl die letzte Begegnung Jahre zurückliegt und man sich im Streit trennte. Wärme kommt meist von analogen Menschen – aber Herzenswärme kann auch im Videocall rüberkommen, vor allem dann, wenn man jemanden schon gut und lange analog kennt (zum Beispiel die eigene Großmutter). Begegnungen (→ 4) sind auch im Zoom-Format möglich – doch eine Nebenwirkung des Digitalen ist das Gefühl der Kälte. Algorithmen lenken keine Energieströme, sie messen Datenströme. Bits and Bytes sind so kalt wie die Oberfläche Ihres Smartphones, so kalt wie die unaufhörliche Selbstbespiegelung (→ 8) in den sozialen Medien. Es ist die körperliche Nähe und damit die Wärme, die fehlt. Im digitalen Raum können Sie Leute anschauen, aber nicht anfassen. *Berühren.* Jeder Mensch, der von Montag bis Sonntag für den Erfolg, das Leben, das Überleben strampelt, braucht Ihre Berührung. Die Praktiken des Händeschüttelns und sachten Schulterklopfens zählen zu den meistunterschätzten Ritualen der Welt.

Warm begründet Vertrauen (→ 19). Wärme verbindet unterschiedlichste Menschen in einem »Zwischen«, das Differenzen in ein vertrauensvolles, antipopulistisches »wir« (→ 7) verwandelt. Jeder Mensch hat starke Seiten, die er gern zeigt, und schwache Seiten, die er gern verbirgt. Das beherzte JA zu den eigenen Verlusten, Mängeln, Defiziten, Inkompetenzen fällt den meisten schwer. Es ist schwer, seine Verletzlichkeit zu akzeptieren, während man im Arbeitsamt oder Finanzamt auf einen Termin wartet, den bürokratischen Vorgängen wehrlos ausgeliefert. Trifft man dort auf das Mitgefühl anderer Wartender, hat man, *fühlt man* plötzlich *einen Grund* zu vertrauen. Man vertraut darauf, dass sich nicht nur jetzt jemand um Formulare und Anträge kümmern wird, sondern dass es auch später, wenn man das Amt längst verlassen hat, Leute geben wird, die menschliche Wärme spenden. Wärme bedarf keiner Verträge, denn sie versetzt Sie in die Lage, auf den guten Willen und die guten

Taten anderer zu vertrauen und andere hinter Ihre Fassade blicken zu lassen, Ihre Verletzlichkeit anderen wie sich selbst gegenüber zuzulassen. Die Philosophin Annette Baier (1929–2012) nennt Vertrauen deshalb auch »akzeptierte Verletzlichkeit«.

Warm macht resilient. Am Nachmittag fühlen Sie sich mutlos, verzagt, geschwächt – kurz davor, in Tränen auszubrechen. Am Abend treffen Sie eine Freundin, sprechen über dies und das, scherzen, tauschen Erinnerungen aus, essen und trinken zusammen. Am nächsten Morgen stolpern Sie über Ihre Plüschpantoffeln und müssen über sich selbst lachen. Woher dieser Wandel? Ganz einfach: Sie konnten Wärme tanken. Es war das Herz Ihrer Freundin, das Ihrem Herzen drei Stunden lang »warm« funkte. Wärme schenkt Kraft, Stressresistenz, *ethische Resilienz.* Ethisch resilient sein heißt, sich möglichst wenig von äußeren Umständen irritieren lassen – und spontan Gutes tun, wo immer sinnvoll. Die Energie, die Ihnen ethisch resiliente Leute schenken, ist dazu da, weitergegeben zu werden. Wärme funktioniert in einem Kreislauf von Mensch zu Mensch und bewirkt einen unendlichen Transfer nicht nur zwischen Fremdliebe und Selbstliebe, sondern auch zwischen Geist und Seele. Wenn Sie echte Wärme geben oder empfangen, sehen Sie alles viel klarer. Ihr Denken fokussiert sich mühelos auf das, was wirklich zählt – was dieser Welt wirklich fehlt, was Sie und wir wollen *wollen* (→ 2): das ganz banale Gute. Ethische Resilienz ist wichtiger als die Resilienz von Unternehmen, Staaten, Waffensystemen. An ihr hängt das gute, glückliche, sinnvolle Leben. Ein Leben voller Wärme.

TEIL 3
GEGEN DIE OHNMACHT

11

DAS MINIMALPRINZIP:

Warum Sein das bessere Haben ist

Das Leben kennt keine ausgewogenen Bilanzen: Auf Plus folgt Minus und wieder Plus, mal gewinnt man, dann verliert man wieder. Irgendwann kommt der Punkt, an dem man die eigene Existenz auf den Prüfstand stellt und sich fragt: Wenn nichts bleibt, wie es ist, was ist dann der beste Weg zum langsamen Glück – zum guten, sinnvollen Leben? Diese Frage ist immer auch eine nach dem Lebensstil. Philosophen aus West und Ost rieten schon vor Jahrtausenden zu einem schlichten Training von Körper, Geist und Seele. Zwar bleibt nichts, wie es ist, aber Üben geht immer. Üben macht alles Sein lebendig. Je öfter man Gewichte stemmt, desto mehr Muskeln bekommt man. Je regelmäßiger man sich in ethischer Gymnastik übt, desto mehr Gutes bringt man in die Welt.

Wie Sie leben wollen, kann Ihnen niemand vorschreiben. Es ist Ihre Entscheidung. Wenn Sie Ihre Wahl mit äußeren Umständen verknüpfen, sind Ihre Möglichkeiten allerdings begrenzt. Sie können nur dann in einer Villa leben und Champagner schlürfend am Pool sitzen, wenn Sie über das entsprechende Budget verfügen. Wenn Sie Ihr »Wie« an einer Villa, einem Auto, einer beruflichen Stellung, einer bestimmten Anzahl von Kindern, Freunden, Netzwerkkontakten aufhängen, *orientieren Sie sich am Haben.* Sie betrachten alles, Dinge wie Menschen, als Besitz- und Konsumgüter, die Sie haben wollen, haben müssen, um so zu leben, wie es Ihnen vorschwebt. Wenn Sie nicht das kriegen, was Sie haben wollen und müssen, versinken Sie entweder in Aktionismus oder in Lethargie. Da Sie sich nur dem Eigenen verwoben fühlen, tendieren Sie in allen anderen Belangen zur Unverbindlichkeit.

Orientieren Sie sich dagegen am Sein, richten Sie Ihren Kompass an Ihren kognitiven und emotionalen Fähigkeiten aus. Sie sind sich dessen bewusst, dass Sein wesentlich Bezogen-Sein heißt, weil Ihr Leben untrennbar mit dem anderer verbunden ist. Sie folgen »dem eingeborenen Bedürfnis, durch Einssein mit anderen die eigene Isolierung zu überwinden«, wie Erich Fromm in seinem zum Klassiker gewordenen Werk *Haben oder Sein* schreibt. Statt zu besitzen und zu konsumieren (ob Streamingdienste, Freundschaftsbezeugungen oder Liebesbeweise), bringen Sie etwas hervor, das garantiert nichts kostet, nachhaltig und CO_2-frei ist: ethische Güter. Und hier kommt das Üben ins Spiel. Die tägliche freiwillige Übung, anderen etwas von sich zu schenken – Ihre Anteilnahme, Ihr Wissen, Ihre Geduld oder Ihren Mut – trägt sie durch alle Aufs und Abs. Die Ohnmacht fällt von Ihnen ab in dem Maße, in dem Sie sich selbst zum Großproduzenten, zur Großproduzentin der Menschlichkeit machen.

Haben und Sein sind Lebensstile, die grundsätzlich jedem Menschen und jeder Gesellschaft offenstehen. Kapitalistische Systeme produzieren Haben-Gesellschaften, die der *Maximalisierungslogik* folgen. Wenn Sie sich dem fraglos anpassen, machen Sie sich abhängig von vorzeigbaren

Objekten, von denen Sie nie genug haben können (→ 9). Entscheiden Sie sich dagegen für den Sein-Modus, wählen Sie das *Minimalprinzip*. Hier verstehen Sie sich als Übende/r – ewig lernend, wachsend, teilend. Sie werden mehr und mehr das, was naturgemäß in Ihnen angelegt ist: ein freier, lebendiger Mensch, der sich über etwas freuen kann, ohne seinen Besitz anzustreben. Ihr Stil ist es, gerne zu teilen und zu geben, die Verbundenheit und Verbindlichkeit des Füreinander und Miteinander zu genießen.

Haben-Modus = Maximalisierungslogik:

- Leben ist anstrengend → Ergebnisorientierung
- Leben ist Überleben, besser leben, noch besser leben
- Leben ist an Bedingungen geknüpft
- Abhängigkeit, Ohnmacht

Sein-Modus = Minimalprinzip:

- Leben ist Übung, Wachstum, Freude → Prozessorientierung
- Leben ist produktiv und schöpferisch
- Leben ist *jetzt*
- Freiheit, Selbstermächtigung

Eines der besten Beispiele für den Modus des Seins ist der Lebensstil der Stoiker. Aus stoischer Sicht ist es gleichgültig (→ 9), wie *Sie* leben *wollen*. Vielmehr geht es darum, *wie man überhaupt als Mensch leben soll.* Wie der buddhistische oder taoistische besteht auch der stoische Lebensstil aus banalen Übungen *(askesis)*, Ritualen und Meditationen des Gegenwärtigseins und der Einkehr (→ 20), die den Tag strukturieren und rhythmisieren und mit denen man über bloßes kognitives Lernen und Wissen hinaus inneren Reichtum kultiviert. Die folgenden ethischen Gymnastikvorschläge sind von stoischen Praktiken aus Antike und Spätantike inspiriert, mit denen sich auch die französischen Philosophen Pierre Hadot (1922–2010) und Michel Foucault (1926–1984) auseinandersetzten. Bei jeder einzelnen ist der Weg das Ziel; immer geht es ums Mensch- und Menschlichwerden:

- **Erinnern**: Sie rekapitulieren – am besten schriftlich – am Ende jedes Tages, was Sie erlebt, getan, gedacht, gefühlt haben. Was war gut, was schlecht, was wirklich wichtig – und was schien Ihnen nur so? Woran können Sie sich erinnern, was haben Sie schon wieder halb vergessen? Wissen Sie überhaupt noch, was Sie gefrühstückt haben? Sie prüfen rückblickend Ihre Aktionen und Reaktionen und überlegen, was Sie morgen anders machen wollen. Oder Sie lernen ein paar Gedichtzeilen auswendig oder memorieren eine Präsentation.
  Wozu? Um sich selbst wiederzufinden.
- **Zuhören**: Wenn andere reden – ob im Meeting, in einer Talkshow oder am Küchentisch – widerstehen Sie dem Impuls, zu unterbrechen und Ihre Meinung zum Besten zu geben. Nutzen Sie stattdessen die Gelegenheit, schweigend zuzuhören und die Logik des Gesagten nachzuvollziehen, sich einzufühlen in das, was gesagt und wie es geäußert wird.
  Wozu? Um eigene Dogmen und Vorurteile an die Leine zu legen.
- **Lernen**: Sie gewöhnen sich an, freiwillig etwas zu tun, was Sie normalerweise vermeiden (weil es Ihnen nicht liegt, unangenehm ist etc. …). Zum Beispiel, mehr zu lesen

und zu schreiben. Statt Podcasts zu hören, lesen Sie ein Printmagazin. Statt Ihre Inhalte einem analogen oder digitalen Assistenten zu diktieren, schreiben Sie selbst auf, was Sie sagen möchten. Sie versuchen Ihr Sagen und Meinen respektvoll zu transportieren, es in eine höfliche Form zu bringen (→ 11). Ähnlich verfahren Sie in sozialen Situationen: Gehen Sie unter Leute, wenn Sie lieber allein wären, oder bleiben Sie zu Hause, obwohl Sie lieber unter Leuten wären.
Wozu? Um sich selbst besser kennenzulernen, Ihren Horizont zu erweitern, mutiger zu werden.

- **Leben**: Jedes Mal, wenn Sie mit Grippe im Bett liegen, betrachten Sie dies als sanfte Warnung. Machen Sie sich bewusst, dass Sie nicht nur einen verletzlichen Körper *haben*, sondern dass Sie vor allem auch dieser Körper *sind*. Sie sind ein Körper mit integriertem Hirn und Herz, der lebt und stirbt. Bevor Sie aufstehen, vergegenwärtigen Sie sich Ihre Termine. Stellen Sie sich vor, dass ein einziger Tag dem Kreislauf der Jahreszeiten gleichkäme, sodass Sie morgens bei Vogelgezwitscher aus dem Haus gehen und abends im Schneetreiben zurückkehren. Oder leben Sie den Tag im Bewusstsein, morgens ein Baby zu sein und abends ein Greis, eine Greisin.
Wozu? Um die Kostbarkeit des Lebens auf dem Schirm zu haben.

Der stoische Lebensstil existiert nur hier und jetzt. Aktives, produktives Sein »ist« nur in der Gegenwart oder gar nicht. (Ganz im Gegensatz zum Haben-Modus, der Sie immer entweder an Vergangenheit oder an Zukunft bindet, an das Noch-nicht und Nicht-mehr-Haben.) Glück, das an äußeren

Umständen hängt (→ 1), ist keins. Jedenfalls kein nachhaltiges, langsames Glück, das mit Tugendhaftigkeit *(arete)* nicht nur verbunden, sondern aus stoischer Sicht identisch mit Gutsein ist. Nach dieser Auffassung gibt es kein höheres »Gut« als tugendhaftes Leben nach dem Minimalprinzip. Niemand wird »gut« geboren. Aber alle können sich Ehrlichkeit, Fairness, Großzügigkeit oder Besonnenheit antrainieren. Tugend ist ein Skill, wie die amerikanische Philosophin Julia Annas (* 1946) schreibt, eine gymnastische Kunst wie Tanzen oder Ringen.

Ihr Lebensstil ist Ihre Wahl. Jeden Tag könnten Sie sich von kurzfristigen Gefühlen der Euphorie und Verzweiflung schütteln lassen. Sie könnten sich fragen: *Wie will ich leben?* und abhängig werden vom Haben. Wie Ideen und Probleme (→ 11) können Sie natürlich auch Tugend »haben« oder »besitzen«. Sie können ethische »Sichtbarkeit« generieren – mittels Gesten und Posen, die sich analog wie digital vermarkten lassen. Genauso könnten Sie sich aber auch fragen: *Wie soll man überhaupt als Mensch leben?* und sich zum Sein befreien. Im Modus des Seins sind Sie für sich und andere in Ihrem Status, Ihrer beruflichen und gesellschaftlichen Position, praktisch inexistent. Ihr Status zählt nicht. Was zählt, ist, dass Ihr Sagen und Tun eins werden. So entsteht innerer Reichtum. Ihr menschliches »Kapital« strahlt mehr als jedes *Personal Branding*, jede Einfluss-Strategie (→ 7). Weil es ein Vermögen ist, das Sie nicht verlieren können.

Wenn Sie fürs Sein statt fürs Haben votieren, reduzieren Sie Komplexität. Trotz aller Auf und Abs wird Ihr Leben plötzlich ziemlich einfach. Sie wissen immer, was gerade zu tun ist, wie es weitergehen kann, wenn gerade alles ins Stocken gerät. Jedes Hindernis kann ein Trainingsmodul werden, jede vorübergehende Ohnmacht lässt sich übend überwinden. Der Alltag bietet genug Rohmaterial, um mehr Menschlichkeit einzuüben. Sie müssen nicht warten, bis sich die Gelegenheit zu spektakulären Hilfsaktionen bietet, schon die nächste lästige Erkältung ist ein hervorragendes Trainingscamp. Sobald Sie aufhören, Ihren Zustand – den Sie sowieso nicht ändern können – zu beklagen, können Sie die Situation »laufende Nase« in eine Übung der Rücksichtnahme verwandeln. Ihre ethische Gymnastik besteht dann darin, saubere Taschentücher dabeizuhaben, etwas Abstand zu halten und in die Armbeuge zu niesen, um andere nicht anzustecken. Es ist nicht wichtig, *dass* man erkältet ist. Es ist wichtig, *wie* man sich dabei verhält.

Von der Unkompliziertheit

Gerade in der Haben-Gesellschaft liegt Sein im Trend. Eine missverstandene Form des Seins – Sein als »Lifestyle«. Es gibt Leute, die viel Geld für ein Yoga-Retreat ausgeben, um fast nichts tun zu können, nur zu sein. Nichts, außer ruhig zu atmen und möglichst wenig zu denken. Es gibt auch Leute, für die das größte Glück im Ausmisten besteht oder die beim Anblick eines schlichten, unbehandelten Parkettbodens unkontrollierte Verzückungsschreie ausstoßen. Dahinter steckt die Sehnsucht nach Unkompliziertheit. Nach den guten alten Zeiten, als ein einziges Telefonat genügte, um sich zu verabreden. Es gab eine Zeit, in der ein Handschlag einem Vertrag glich. In der spätkapitalistischen Haben-Gesellschaft wächst mit den Optionen die Komplexität. Nicht nur Kaufentscheidungen sind kompliziert, auch die

Unterscheidung zwischen *Gut-Sein* und *Gut-Scheinen* ist es anscheinend. Es wird oft zu viel über das Gute geredet und zu wenig Gutes getan. Viele Reden, viele Umarmungen, viele Versprechungen – und dann plötzlich: nichts mehr. *Quiet Quitting* – das Davonschleichen aus einem Job oder einer Beziehung, an der man kurz zuvor noch großes Interesse gezeigt hatte – ist nur ein anderes Wort für Unverbindlichkeit. Für die Unfähigkeit zum Verbunden-Sein (→ 4). In der Haben-Gesellschaft gibt es immer mehr Kontakte und immer weniger Reibung, immer mehr Netzwerke und immer weniger Berührung. Diese Gesellschaft steht nicht nur vor den multiplen Herausforderungen der »Polykrise«. Sie *»hat«* auch zu viele unbehandelte Parkettböden, Sabbaticals und Yoga-Retreats. Ihr bestes Korrektiv wäre das ganz banale Minimalprinzip. Und Leute wie *Sie*, die in einer Haben-Gesellschaft leben und trotzdem das Sein wählen, um als Revolutionär/-in des Alltags zu wirken. Der Stoizismus weist den Weg. Es ist ein Lebensstil, der in einigen zentralen Aspekten dem Zen-Buddhismus ähnelt. Wie der Buddhist braucht der stoische Mensch keine anderen Übungstools als Körper, Seele und Geist, und wie diesem geht es ihm ums simple Gut-Sein. Nicht ums extraordinäre Gut-Scheinen:

> *Eines Tages besuchte jemand (den Zen-Meister) Joshu zum ersten Mal. Weit hinten im Garten machte der Besucher einen wunderbaren alten Mann aus, der in tiefer Meditation versunken war. Er fragte den Gärtner, der gerade in seiner Nähe arbeitete, ob der Alte denn Joshu sei. Der Gärtner jedoch antwortete ihm: ›Nein, ganz und gar nicht. Joshu bin ich. Das ist mein bester Schüler.‹*

In dieser Zen-Anekdote, die dem Buch *Der Finger und der Mond* von Alejandro Jodorowsky (* 1929) entnommen ist, ist der wahre Meister eben nicht der »wunderbare alte Mann« in effektvoller Meditationspose, sondern der Gärtner, der sich »stoisch« ums Wachsen, Reifen und Sprießen der Gräser kümmert. Und das ist der ganze Sinn der ethischen Gymnastik. So wie mit der Natur, so ist es mit dem Menschsein. Es kann nie Wichtigeres und Dringenderes geben als zu sein und zu werden, was jederzeit in Ihrer Macht steht. *Menschlich.*

Obwohl Sie noch nicht dreißig sind, sind Sie schrecklich vergesslich. Es gibt so viel Gutes, das Sie tun wollen, und so wenig, das Sie umsetzen – einfach weil Ihr Gedächtnis so voll ist wie Ihr Amazon-Warenkorb.

Wie es scheint, streben Sie zum Sein hin, ohne sich vom Haben lösen zu können. Im Haben-Modus bestehen Ihre mentalen Inhalte hauptsächlich aus zwei Komponenten: a) dem Grübeln über Verpasstes und Versäumtes und b) dem Antizipieren von Problemen bzw. Planen von Aufgaben. Im ersten Fall erinnern Sie sich an die Vergangenheit, im zweiten Fall an die Zukunft. Sie leben also nicht wirklich in der Realität. Sie *sind* nicht – außer ständig abwesend. Die Folge: Trotz aller guten Absichten verhalten Sie sich unverbindlich sich selbst wie anderen gegenüber. Beginnen Sie damit, die Verbundenheit (→ 4) zu Ihrem Sein zu stärken. Üben Sie sich im Erinnern nach stoischem Stil Egal, wie viel Uhr es gerade ist, auch, wenn das Ende des Tages noch lange nicht erreicht ist – beginnen Sie am besten sofort, damit Sie es nicht wieder vergessen. Mit der Übung des Erinnerns holen Sie Vergangenes ins Jetzt zurück.

Nach und nach werden Sie sich an das Wichtigste erinnern: das Leben – Ihr Leben, in dem Sie jetzt (nicht irgendwann) Mensch sind.

Sie arbeiten in leitender Position in einem Konzern und haben ein Problem mit Ihrer Projektgruppe: Es gelingt Ihnen einfach nicht, die unterschiedlichen Leute in Ihrem Team für ihre Aufgaben zu begeistern und zu motivieren. Einige Ihrer Teammitglieder haben das Unternehmen ohne Begründung, ohne Vorankündigung inzwischen verlassen.

Vielleicht ist es gar kein »Problem«, das Sie mit Ihrem Team »haben«. Das Problem, das Sie zu *haben* glauben, könnte sich auflösen, sobald Sie das Projekt zu einem Übungsfeld machen, wo Sie als Führungskraft nicht nur Coach, sondern vor allem auch Mit-Trainierende sind. Lassen Sie die Sache zu einem spannenden Experiment für alle werden. Halten Sie sich nicht allzu akribisch an die geplanten Zielvorgaben und Skripts – bauen Sie die oben beschriebene ethische Gymnastik in den Arbeitsalltag ein und wechseln Sie gemeinsam mit Ihrem Team in den Sein-Modus. Seien Sie das Korrektiv Ihres Haben-orientierten Konzerns: Schaffen Sie – nach Maßgabe Ihrer Möglichkeiten und Ihres Willens – das Umfeld für ein menschliches Klima, in dem Menschen nicht nur engagiert arbeiten, sondern auch engagiert leben und sein können. Sonst erstarrt alle »Agilität«.

Sie halten viel vom Minimalprinzip. So viel, dass Sie sich auch nur noch auf ein Minimum an Beziehungen beschränken: nämlich auf die, die Sie nicht stressen.

Es gibt Lifestyle-Profis wie die US-Blogger Joshua Fields Millburn und Ryan Nicodemus, die neben streng reduziertem Konsum und bewusstem Umgang mit materiellen Gegenständen den sogenannten »Beziehungsminimalismus« feiern. So wie man auf überflüssige Kleidungsstücke, Vasen und Stofftiere verzichten kann, könne man ja auch kompliziert gewordene Beziehungen aussortieren, meinen sie. Ihr Kriterium: Wenn sich eine Beziehung nicht mehr gut anfühlt, beendet man sie. Aber eine langjährige Freundschaft beenden, weil sie nicht mehr so richtig ins eigene Leben passt – ist das der richtige Weg zur »Unkompliziertheit«? Stoiker und Buddhistinnen würden klar verneinen. Weil es für sie nicht darum geht, wie *Sie* leben wollen – sondern wie man überhaupt leben soll: im Hinblick auf das Gemeinsame, das man trotz aller Individualität mit dem Rest unserer Spezies teilt. Wenn alle Menschen qua Menschsein wie durch ein unsichtbares Netz miteinander verbunden sind, ist ein ehrlicher, fairer Umgang mit allen das (ethisch) beste Mittel der Wahl.

Wenn Sie Freunde abservieren, weil sie Ihnen nichts mehr »bringen«, verharren Sie in der Ergebnisorientierung des Haben-Modus. Echte Freundschaften aber sind dem Seins-Modus zuzuordnen, sie sind ein Prozess, in dem man lebenslang eine Übende bleibt. An einem schöpferischen Umgang mit schwierigen Phasen wachsen die Beteiligten. Fragen Sie sich also, wo das Problem liegt und was *Sie* tun können, um die »komplizierte« Beziehung wieder mit mehr Freude zu erfüllen. Vielleicht hilft Ihnen die Überlegung, was Sie von einer Freundin erwarten, wenn *Sie* gerade mal »schwierig« sind.

Was nicht heißt, dass man sich nicht aus zerstörerischen Beziehungen lösen darf, im Gegenteil: Sollten Sie an einen hoch gefährlichen Narzissten geraten sein, rate ich dringend zur Lektüre von → 8.

Merke: Besinnung auf das Wesentliche bringt sehr viel, Beziehungsminimalismus gar nichts (außer Einsamkeit).

12

DIE FORM:

Wie aus Sprache Respekt wird

Jede Zivilisation braucht eine bestimmte Ordnung, gewisse Regeln und Normen, um nicht in die Anarchie abzugleiten. Eine lebendige, freie Gesellschaft braucht Formen des Umgangs, die ihren unterschiedlichen Mitgliedern gerecht werden. Stellen Sie sich vor, Sie gehen in einen Laden in der Absicht, eine Mütze zu erwerben, und fragen arglos: »Haben Sie die auch in Schwarz?« Antwort des Mannes an der Kasse: »Logo, willst du sie mal anprobieren?« So Sie sich mit dem schwungvoll aufgezwungenen Du identifizieren können, ist die Sache nicht der Rede wert. Sie duzen einfach ebenso lässig zurück. Doch was, wenn Sie sich mit der Anrede unwohl fühlen, weil sie Sie indirekt Ihrer Mündigkeit beraubt (auf eine Stufe stellt mit gleichfalls geduzten Kindern und Hamstern)?

Ob Sie die Sie-Form der Du-Form vorziehen oder umgekehrt, mag trivial erscheinen. Doch dahinter stecken die viel weniger trivialen kulturellen Unterschiede einer pluralistischen Demokratie, die Wertvorstellungen betreffen, welche entscheidend sind für unser Selbstverständnis und für die Art und Weise, wie wir uns selbst und andere sehen, wie wir von anderen gesehen und nicht gesehen werden wollen. Theoretisch kann die Atmosphäre der Vertrautheit, die ein

Du beim Mützenkauf schafft, zur zwischenmenschlichen Verständigung beitragen. Praktisch ist dieses Du Teil eines standardisierten Geschäftsmodells, einer Norm, die der Kundenbindung dient. Und schon kann das vermeintlich Vertraute klebrig wirken. Stillos. Respektlos. Das Zeigen oder Verweigern von Respekt – moralphilosophisch gesprochen: »Achtung« – prägt unseren täglichen Umgang miteinander ebenso wie das Verhältnis zu uns selbst.

Sprache, das sind Worte und nonverbale Gesten; das ist das, was wir sagen und nicht sagen, wie wir reden und »beredt« schweigen. Eine Sie-Anrede kann respektvoll oder lächerlich wirken, je nach Kontext. Die höfliche Bitte »Verzeihung, Herr Hasso, ich möchte nicht stören, aber könnten Sie bitte *nicht* aufs Trottoir pinkeln?«, wäre für einen Hund verfehlt, für einen psychisch kranken Menschen aber möglicherweise adäquat. Es könnte die einzig mögliche Sprachform sein, eine Bindung zu ihm aufzubauen. Wie wir Sprache verwenden, wirkt sich nicht nur auf unser Verhältnis zu anderen aus, sondern auch auf das zu uns selbst.

Nehmen Sie die Aussagen »Ich habe eine neue Mütze« und »Ich habe eine Idee«. Oberflächlich betrachtet gleichen sich die beiden Sätze. Aber während Sie sich im ersten Fall auf ein materielles Objekt in Ihrem Besitz beziehen, verhält es sich im zweiten Beispiel etwas anders. »Ich habe eine Idee« klingt, als besäßen Sie die Idee wie die Mütze – in Wahrheit aber haben (→ 11) Sie hier gar nichts. Sie tun vielmehr etwas. Sie stellen sich etwas vor, denken über etwas nach. Wenn es zu Ihrem Sein gehört, ein lebendiger, kreativ denkender Mensch zu sein, dann repräsentiert »Ich habe eine Idee« nicht das, was Sie sind. »Eine gewisse

Verschiebung des Akzents vom Sein zum Haben lässt sich an der zunehmenden Verwendung von Hauptwörtern und der Abnahme der Tätigkeitswörter in den westlichen Sprachen innerhalb der letzten Jahrhunderte feststellen«, so der Philosoph Erich Fromm in *Haben oder Sein.* Diese Veränderung in der sprachlichen Konvention ist auch ethisch bedeutsam.

Sie sind eine Person, die eine aktive Haltung zu den eigenen Gedanken und Gefühlen gegenüber der Welt einnehmen kann. Die Haben-Form aber zwingt Ihnen eine passive, ohnmächtige Haltung auf. Sie behandelt Sie gleichsam respektlos, indem sie ignoriert, wer Sie sind. Wenn Sie diese Form verinnerlichen, reduzieren Sie sich auf das, was Sie gerade haben oder nicht haben. Wenn Sie »ein Problem haben« (→ 2), »hat« das Problem eigentlich Sie. Es ergreift Besitz von Ihnen. Das Problem-Haben anonymisiert Sie – »entfremdet« (Fromm) Sie von sich selbst, Ihren subjektiven Erfahrungen und individuellen Regungen. Ähnliches gilt für Meinungen. Wenn Sie glauben, eine bestimmte Meinung zu haben, tendieren Sie dazu, Ihren »Besitz« zu verteidigen, da Sie fürchten, sonst ohnmächtig der Meinung anderer ausgesetzt zu sein. Ob ein zermürbender Streit zwischen zwei Leuten einer konstruktiven Diskussion weichen kann oder nicht, hängt entscheidend auch von der sprachlichen Form ab, die man verinnerlicht hat:

Streit → wechselseitiger Monolog:

- »Das ist aber *so*!« (= Ich habe aber diese Meinung!)
- »Nein, falsch – *so* ist das!« (= Und ich habe jene Meinung!)

Diskussion → engagierter Dialog:

- »Ich finde das nicht.« (= Ich würde das anders sehen.)
- »Warum nicht?« (= Und ich will verstehen, *wie* du es siehst.)

Wie reden wir eigentlich miteinander – und übereinander? Und überhaupt? Wenn Sie über Menschen, Dinge, Sachverhalte sprechen, beziehen Sie sich wie die meisten Menschen in Ihrem Kulturkreis sehr oft auf sogenannte »institutionelle Fakten«, die aus Worten und Begriffen geschaffen wurden, worauf John Searle (* 1932), ein berühmter Vertreter der Sprechakttheorie, hinweist.

Ein Beispiel: Wenn Sie mit mir über Geld streiten, beziehen Sie sich auf rechteckig zugeschnittene Papiere, die die Deutsche Bundesbank herausgibt – und damit auf die Institution »Geld«, der, so der Sprachphilosoph Searle, eine bestimmte »Statusfunktion« eigen ist. Der allseits akzeptierte Sprechakt »Dieses Papier ist Geld« begründet die Institution des Geldes. Ganz ähnlich verhält es sich mit den Institutionen der Eheschließung (»Ja, ich will!«) oder des Versprechens (»Ich komme um zwei Uhr«). Nicht nur Dinge und Sachverhalte, auch Menschen können durch einen bestimmten Sprachgebrauch zu institutionalisierten Tatsachen werden und als solche »funktionieren«. Wie »die Bundeskanzlerin«, »die Hausfrau«, »der Migrant«. All diese Bezeichnungen sind soziale Realitäten, die eine Gesellschaft oder eine Kultur zu haben meint, die tatsächlich aber aus individuellen Lebewesen besteht.

Holen wir die Lupe raus: Wer steckt hinter dem Gesellschaftskollektiv, das Menschen benennt und soziale »Fakten« aus ihnen macht? Sind es Hausmänner, Kinder, Rollstuhlfahrerinnen, Rentnerinnen? Eher nicht. Diese sind vielmehr »Benannte«, die von den selbst »Unbenannten« so benannt werden. Von »Menschen«, wie die Journalistin Kübra Gümüşay schreibt, »deren Existenz nicht hinterfragt wird. Sie sind der Standard. Die Norm. Der Maßstab.« Und wer steckt hinter dieser Norm? In Deutschland immer noch der männliche Biodeutsche. Wenn es das unausgesprochene Selbstverständnis aller Hans-Dieters ist, die Norm zu sein und von dieser Position aus anderen Gruppen von Menschen bestimmte statusbezogene Hauptwörter zuweisen zu können, geht es nicht nur um die Verwendung von Sprachlauten, sondern auch um Sprachmacht. Es ist die selbst unbenannte und unsichtbare Macht der Norm, die unseren sprachlichen Umgang formt oder deformiert. Sie schafft bestimmte Bereiche der sozialen Realität, indem sie sie mit Worten abbildet. Oder missrepräsentiert. Oder ausblendet.

- Was, wenn ich nicht »Migrantin« genannt werden will?
- Was, wenn ich nicht will, dass jemand anderes so genannt wird?
- Wie kann ich andere Worte finden, die mich und andere auf respektvolle Weise repräsentieren?

In einer freien Gesellschaft ist immer auch die Möglichkeit zum Normbruch gegeben. Nur weil etwas *norm-al* ist oder wird, muss es noch lange nicht gut und richtig sein. Auch das institutionalisierte Du ist nicht der Königsweg zu mehr Menschlichkeit und Vertrauen. Die Du-Form kann respektlos oder gleichgültig wirken – unangemessen sein. Nicht nur im Textileinzelhandel. Stellen Sie sich vor, Sie gingen jede Woche in einen Waschsalon, in dem eine junge Frau arbeitet, die kaum jemand beachtet und von der Sie nur wissen, dass sie Mira heißt und aus Syrien geflüchtet ist. Sie könnten Mira fragen: »Kannst du mir zwei Euro wechseln?« und auf Ihr Handy blicken. Sie hätten aber auch die Möglichkeit, sie anzuschauen und zu fragen: »Wie geht es Ihnen, Mira?« Ihr förmliches, aber aus bewusster ethischer Überzeugung heraus geäußertes »Sie« könnte der Frau etwas geben, was sie vielleicht lange vermisst hat: *Respekt.* Ihr »Sie« hätte die Funktion, Mira (aus deren Sicht: endlich mal wieder) als Mensch zu repräsentieren. Ganz unabhängig davon, welche soziale Realität die Bezeichnung »Migrantin« beinhaltet und welcher Status Mira als Mitbürgerin zugewiesen oder verweigert wurde.

Sie sagen: »Wie geht es Ihnen, Mira?« und nehmen sie einfach als das wahr, was sie *ist* (→ 11). Sie sehen sie als aktiven, lebendigen, freidenkenden und fühlenden Menschen – nicht als Repräsentantin der so benannten Gruppe »Migrantinnen«. Mit der spontan gewählten Sie-Form zeigen Sie Takt und ethische Haltung. In Ihrem »Sie« liegt Respekt vor Miras menschlicher Fähigkeit, selbstständig Entscheidungen zu treffen – Achtung als »Anerkennung einer Würde an anderen Menschen« (Immanuel Kant). Um jemanden zu achten und zu respektieren, muss man ihn/sie nicht verstehen. Man muss eine Person nicht mal mögen – und kann sie dennoch in ihrem So-*Sein* würdigen.

Es ist unnötig und ethisch ungünstig, dass Sie ein Problem oder eine Meinung *haben* (→ 11), so wie es unnötig und ethisch ungünstig ist, dass eine Gesellschaft »Migranten« oder »Hausfrauen« *hat.* Wir können andere Worte verwenden, anders reden. Sprache kann eine menschlichere soziale Realität schaffen. Sie kann die Welt zum Guten verändern (oder immerhin einen Teil davon). Denn indem Sie anders reden, denken und fühlen Sie auch anders.

»Beurteile die Menschen nicht nach dem, was sie reden, sondern nach dem, was sie tun«, schreibt Adolph Freiherr von Knigge. Ich möchte präzisieren: »Beurteile die Menschen nicht nach dem, was sie reden, sondern nach dem, was sie *mit Worten* tun.« Auch und gerade Worte, die zur Norm geworden sind, können verletzen. Aber man kann die Norm brechen, jeden Tag, indem man das Altbekannte *sprechend* mit neuen Perspektiven aufmischt. Jedes Mal, wenn Sie über etwas reden, das noch nicht Teil der sozialen Realität ist, tun Sie so, als wäre es schon (fast) real. Sie stellen alten Fakten neue Möglichkeiten entgegen und setzen die kleine soziale Revolution fort, die Sie als Kind begannen – damals, als Sie Ihre ersten Sprechversuche starteten. Sie hatten Hunger, sagten: »Mjammjam«, und schon landete Apfelmus in Ihrem Mund. Sie klemmten sich die Finger ein, schrien: »AU«, und schon spürten Sie eine große Hand Ihre kleine streicheln.

Nun sind Sie erwachsen und haben viel bessere sprachliche Möglichkeiten, den Lauf der Dinge zu verändern. Sie stehen als mündiger Mensch vor Mira im Waschsalon und schenken ihr Ihr respektvolles Sie. Und schon könnte ein kurzer Dialog über die Dinge des Lebens beginnen. Eine menschliche Realität, die Sie mit Ihren eigenen Worten erschaffen.

In dieser Gesellschaft gibt es Leute, die soziale Realitäten jenseits der Norm auf sensible Weise neu abbilden wollen, indem sie ihnen politisch korrekte Ausdrucksweisen verleihen. Andere halten Sprachformen wie das Gendern eher für fatal als ethisch lobenswert. Wieder andere haben überhaupt keine Lust auf sprachliche oder menschliche Rücksichtnahme. Sie wollen die ganze Sensibilität mit Rohheit, manchmal sogar mit Gewalt ersticken (→ 3). »Der Mensch mit Migrationsgeschichte« einerseits und »die schwarze Fotze« andererseits sind die Pole des sprachlichen und kommunikativen Spektrums unserer Zeit.

Es gibt einen einfachen Weg, um unvereinbare Meinungen, unterschiedliche Weltanschauungen und Kulturen im täglichen Umgang zu »integrieren«: Höflichkeit. Jeder Mensch kann höflich sein, auch wenn er nuschelt, nur gebrochen Deutsch spricht, nur Niederbayerisch, nur irgendeinen Slang beherrscht. Höflichkeit ist sogar via Du möglich. Es ist eine Kunst, die nicht nur ethisch sinnvoll ist, sondern auch Spaß machen kann, »da sie zwischen den Seelen eine flinke, bewegliche Sympathie in Bewegung« setzt und uns »eine andere, ideale Welt« zeigt, so der französische Philosoph Henri Bergson (1859-1941). Aber das Ideal muss keine Utopie verkörpern. Es ist an uns, das Ideal mit der von uns gewählten sprachlichen Form Realität werden zu lassen können.

Sie können höflich sein, weil Sie es müssen (etwa einer Polizistin gegenüber). Weil es die Norm verlangt. Sie können aber auch ohne konventionellen Anlass höflich sein. Weil es anderen und Ihnen selbst guttut. Mit ein bisschen

Höflichkeit können Sie Begegnungen ethisch und ästhetisch stilvoll gestalten, statt sie formlos, ohnmächtig, gleichgültig dahinplätschern zu lassen. Spontan praktizierte Höflichkeit ist ein Bruch mit der platten Norm. Sie ist eine sanfte Macht, die sich nicht für den Status eines Menschen interessiert, sondern ihn als Menschen wertschätzt und respektiert. Indem Sie höflich sind, beweisen Sie Respekt auch sich selbst gegenüber. Sie zeigen, dass Sie zu Recht ein sprach- und sprechbegabtes Wesen sind – weil Ihnen Sprache und Form eben nicht egal sind.

Nach langer Zeit haben Sie eine gute Bekannte wiedergetroffen. Es war ein Abend mit vielen interessanten Gesprächen. Eigentlich wollten Sie beide das Treffen bald wiederholen; trotzdem haben Sie seither nichts mehr von der Bekannten gehört. Seltsam.

Rekapitulieren Sie die Gespräche. Kann es sein, dass Sie ein klein wenig zu viel von sich geredet haben? Falls ja: Natürlich ist es verständlich, dass Sie ausgiebig von Ihren Krisen, Problemen oder Erfolgen erzählen, wenn diese gerade weite Teile Ihres Gehirns okkupieren. Doch vielleicht hätte sich die Bekannte ein wenig mehr Höflichkeit und Respekt von Ihnen gewünscht. Vielleicht kam das, was Sie selbst als höchst relevant empfanden, egozentrisch rüber, weil Sie nicht ein Mal fragten: »Und wie ist es Ihnen in den letzten Monaten ergangen?« Solange Sie nicht sicher sind, dass Ihre Angelegenheiten nicht auch andere betreffen, ist es selbst im Gespräch mit guten Freunden angemessen, zwischendurch Redepausen einzulegen und schweigend zuzuhören. Wenn Sie merken, dass jemand in Ihrer Gegenwart verstummt, könnte das ein ethisches Warnsignal sein.

Könnte sein, dass Sie ihn/sie mit Ihren Worten zu erdrücken drohen. Überlegen Sie, wie sehr Sie selbst sich von dem erdrücken lassen, was Sie in Ihrem Geist zu *haben* meinen: Ihre Meinungen, Probleme und Ideen. Besinnen Sie sich wieder auf das, was Sie *sind*: ein Mensch, der Fragen stellen, zuhören und immer wieder die Blickrichtung ändern kann. Wenn Ihre Bekannte sich nicht mehr bei Ihnen meldet, melden Sie sich eben einfach bei ihr. In einer anderen Sprache, mit anderen Worten und einer anderen Haltung.

Sie sind 78 und waren zum ersten Mal in Ihrem Leben in einem Coffeeshop. Nun fragen Sie sich, ob es normal ist, dass man dort nach seinem Vornamen gefragt wird (in Ihrem Fall »Annemarie«), dieser Name auf einen Kaffeebecher gekritzelt und dann lauthals gerufen wird: »Anni, deine Latte, nimm!«

Diese Praxis mag in bestimmten Lokalen durchaus die Norm sein. Wenn Sie sich aber dadurch befremdet oder verunsichert fühlen, ist diese Norm ethisch verfehlt. »Anni, deine Latte, nimm!« ist ein Befehl, den Sie nicht als »normal« akzeptieren müssen. Jeder Mensch hat ein ethisches Recht auf ein »Sie« – ein Recht, für voll(jährig) genommen zu werden. Stellen Sie die Duz-Norm nächstes Mal also ruhig infrage: Siezen Sie zurück! Überraschen Sie den »Herrn« oder die »Dame« am Tresen mit Ihrer Lebendigkeit. Mit Ihrer spontanen, innovativen Höflichkeitsreaktion ermächtigen Sie sich selbst – und Sie tragen Ihren Teil dazu bei, die dicke Kruste fraglos akzeptierter Selbstverständlichkeiten (die auch in ultramodernen Coffeeshops existieren) sanft zum Schmelzen zu bringen.

Die Mutter Ihres neuen Freundes – eine Frau, mit der Sie nicht besonders viel anfangen können – hat Sie zum ersten Mal zu sich nach Hause eingeladen. Sie haben natürlich zugesagt. Was sollen Sie nur anziehen?

Wenn Sie Ihren Freund lieben, wollen Sie sicher ein halbwegs gutes Verhältnis zu seiner Mutter aufzubauen. Wählen Sie ein Outfit, in dem Sie sich wohlfühlen und dem man dennoch ansieht, dass Sie es mit Bedacht gewählt haben. Da Sie die Frau noch wenig kennen, sollten Sie auf keinen Fall ganz in Schwarz oder Pink kommen. Merke: Kleidung spricht, bevor Sie den Mund aufmachen können. Die Formensprache einer Jeans oder einer Jacke kann stilvoll oder geschmacklos rüberkommen, je nach Kontext. Wenn Sie nicht wissen, was Sie bei der Frau erwartet und wie der Abend ablaufen wird, sollten Sie auf Nummer sicher gehen. Ziehen Sie etwas an, das zeigt, dass Ihnen der Anlass wichtig ist, und das Respekt für eine Person signalisiert, die Ihnen Interesse entgegenbringt und den ersten Schritt ermöglicht, um so die Weichen für ein noch besseres Kennenlernen zu stellen.

13

DAS GEHEIMNIS:

Was Schönheit wirklich bedeutet

Die einen wählen gelb, die anderen grün. Wieder andere wählen gar nicht. Politik ist ein allseits beliebtes Streitthema. Doch nicht nur in politischer Hinsicht zeigt die Gesellschaft Spaltungstendenzen. Sie ist auch gespalten, wenn es um ästhetische Präferenzen geht. Was ist schöner, ein gelber, ein grüner oder gar kein Rock? An der Frage, was ein »schönes« Heim ist und was nicht, sind schon Ehen zerbrochen. Trotzdem birgt kaum ein anderer Aspekt menschlichen Lebens ein größeres Potenzial zur Versöhnung als das Schöne. Denn Schönheit ist nie nur oberflächlich. Sie hat auch eine ethische Tiefendimension, die jedem Menschen zugänglich ist.

Viele denken bei Schönheit an ansehnliche Körper. Die Anzahl muskulöser, braun gebrannter Tagesschausprecher steigt wie die Nachfrage nach kosmetischen Behandlungen. Je »hässlicher« die Welt, desto bedeutsamer anscheinend ein attraktives Äußeres. Solange die zunehmende Unsicherheit den kollektiven Glauben an Fortschritt durch Leistung weiter bestärkt, scheint die Investition in die eigene Attraktivität naheliegend. Niemand will als Verlierer rüberkommen, und Schönheit ist eine Leistung. Deshalb begehren schon Zwölfjährige neue Nasen. Das Stadtbild ist voller Leute, die – inspiriert von Mode- und Beauty-Influencern (→ 7) – ohne Markenkleidung erst gar nicht das Haus verlassen. Nicht immer, weil sie das Budget dafür haben, aber immer, weil sie wissen, dass sie mit dem passendem Outfit Perfektion und Jugendlichkeit signalisieren.

Dennoch steckt im Bemühen um Stil und Form viel mehr als nur der Wille zur äußeren Attraktivität: Es ist vielmehr der Versuch, aus den Widersprüchen und Paradoxien des Lebens einen *Kosmos* zu schaffen; eine geordnete, sinnvolle Gestalt (nach der ursprünglichen Bedeutung des Wortes im Altgriechischen). Schönheit ist kein Thema nur für Frauenzeitschriften, sondern ein menschliches Grundbedürfnis wie Liebe, Freiheit, Zugehörigkeit, Glück – und damit viel mehr als »Beauty«. Wenn Sie beim Anblick eines attraktiven Menschen, eines festlich gedeckten Tischs, einer Gebirgslandschaft oder auch eines Kunstwerks je aufgehört haben zu denken – weil Sie fasziniert, überwältigt, gerührt waren –, wissen Sie, was ich meine. Schönheit ist mächtig nicht nur, weil sie zu manipulatorischen Zwecken eingesetzt werden kann, sondern auch das Eingangstor in ein Universum voller neuer Möglichkeiten. Wenn Sie eine schöne Rose betrachten, sehen Sie nie nur die sinnlich wahrnehmbare Blüte. Sie nehmen darüber hinaus auch etwas Übersinnliches, Jenseitiges wahr: die Ahnung einer idealen Welt, der das Schlechte und Böse nichts anhaben können. Das ist die Magie der Schönheit.

Zwischen dem Wunsch nach gutem Aussehen und dem Bedürfnis nach einem guten Leben besteht ein enger Zusammenhang. Der Grund, weshalb Sie mit vollem Haar oder flachem Bauch imponieren, warum Sie Alterungsprozesse aufhalten und sich und Ihre Familie gesund ernähren wollen, ist letztlich immer der gleiche: Sie tun es, um Ihrem Leben eine Form zu geben. Um den Umständen nicht ohnmächtig ausgeliefert zu sein. Um mehr Sinn und Glück in Ihr Leben zu schaffen. Allerdings ist äußere Schönheit keine Garantie für langsames Glück. Ein Besuch bei der Kosmetikerin schenkt Momente schnellen Glücks, die gerade ausreichen, sie auf Instagram zu teilen. Doch auch in der »Kosmetik« steckt das Wort *Kosmos*. Sie enthält das Sehnen nach etwas, das wertvoller ist als alle Peelings der Welt.

Für die altgriechischen Philosophen bestand alles »Kosmische« in der Einheit des Schönen, Guten und Wahren (*kalogathia*). Für Platon (428/427–348/347 v. Chr.) gibt es nichts Gutes ohne Verbindung zu »schöner« Ebenmäßigkeit einerseits – und persönlicher Wahrhaftigkeit und Wahrheitserkenntnis andererseits. Der Mensch ist schön nur als harmonisch geordnetes Ganzes, als Abbild des Kosmos in kleinerem Maßstab. Körper, Seele und Geist sollen eins sein, wie auch die Bestandteile des Universums eins sind. Die Einsicht, dass Schönheit aus der Wahl der richtigen Proportionen resultiert, geht schon auf die Pythagoreer (6. Jhd. v. Chr.) zurück, die die Gesetzmäßigkeit des Schönen aus bestimmten mathematischen Zahlenverhältnissen ableiteten. Ob Gesichter, musikalische Klänge oder Tempelbauten, überall ist die Symmetrie entscheidend.

Die moderne Attraktivitätsforschung gibt den Pythagoreern recht: Äußere Schönheit ist messbar. Heutige Personalchefs und Marketingspezialistinnen stimmen Platon zu: Äußere Schönheit verweist (idealerweise) auf innere Schönheit, Intelligenz, Persönlichkeit, Charakterstärke und ethische Haltung (→ 14). Seit die messbare »klassische« Attraktivität im multimedialen Umfeld mit den Idealen der »body diversity« konkurriert und auch übergewichtige, transsexuelle oder behinderte Menschen als schön gelten dürfen, erlebt die geistig-seelische Schönheit eine lang vermisste Aufwertung. Trotz aller marktgerechten Verlogenheit des Diversity-Konzepts macht diese Entwicklung Hoffnung auf mehr Tiefe in der Oberflächlichkeit. Auf jeden Fall aber motiviert sie, die Frage nach dem Schönen neu zu stellen – und anders zu beantworten.

Was macht mich schön?
- meine Fähigkeit, andere glücklich zu machen
- meine Neugier und mein Einfühlungsvermögen
- meine täglichen Versuche, dem Leben eine gute, sinnvolle Form zu geben

Wen finde ich schön?
- Personen, die in jeder Lebenslage Rückgrat zeigen
- Leute, die Fliegen retten
- Menschen, die die Wahrheit der Lüge vorziehen

Für das Schöne empfänglich zu werden und zu bleiben, es zu erschaffen und zu gestalten ist *Lebenskunst.* Eine lebenslange Übung (→ 11), ein Transformationsprozess, der mit jedem Tag leichter und lustvoller wird. Ihre Reise zur *kalogathia* beginnt mit einer veränderten Sicht auf Ihren Körper: Sie selbst *sind* dieser Körper mit all seinen Mängeln und Makeln – mitsamt der ganzen Innenausstattung, der Seele und dem Geist, die dazugehören. Sie *sind* mehr als die Summe Ihrer Einzelteile: ein Organismus, der lebt, lacht und atmet und die Welt mit guten Ideen und Taten bereichern kann. Ihre wahre Schönheit liegt am Schnittpunkt zwischen außen und innen: Dort, wo das nach »außen« strahlt, was Sie »innen« sind. Ihre wahre Schönheit kann nicht verfallen. Weil Sie sie immer neu aus sich selbst heraus entwickeln.

Wer (wahrhaft) schön sein will, muss lernen. Ob Ihr Leben gelingt und ein *Kosmos* daraus werden kann, hängt von Ihrer Lernlust und Ihrem Gestaltungswillen ab. Angenommen, Ihr Leben ist gerade gar nicht »schön«. Sie laborieren an einer kaputten Schulter, leben in ständigem Streit mit Ihrer Partnerin und haben überdies gerade eine saftige Mieterhöhung im Briefkasten gefunden. Sie befinden sich also inmitten einer persönlichen »Polykrise«, die nicht von heute auf morgen verschwinden wird. Zwar können Sie verschiedene Maßnahmen einleiten, um diese Krise zu »lösen«, aber was tun Sie in der Zwischenzeit? Sie wenden sich dem Schönen zu – und werden zum Künstler oder Bildhauer Ihres Lebens.

»Die Ausarbeitung seines eigenen Lebens als ein persönliches Kunstwerk … stand, wie mir scheint, im Zentrum der moralischen Erfahrung, des Willens zur Moral«, schreibt der Philosoph Michel Foucault über die altgriechische Variante der Lebenskunst. Sie selbst können eine neudeutsche Variante erfinden. Ganz so, als hielten Sie plötzlich einen Meißel in der Hand, um aus dem unförmigen Chaos eine wohlproportionierte Gestalt herauszuarbeiten. Vielleicht können Sie die aktuelle Misere nicht ändern – wohl aber können Sie sie stilistisch beeinflussen. Dazu brauchen Sie keine akademische Ausbildung. *Schön* wäre es zum Beispiel, Ihre Partnerin mit Blumen zu überraschen oder freiwillig für eine festliche Tischdekoration zu sorgen. Die kreative »Ästhetisierung« eines kleinen Teils Ihres Elends wirkt auf das große Ganze – weil es Sie selbst ein kleines Stück weit aus der Ohnmacht befreit und in Richtung langsames Glück befördert.

Ein sicheres Zeichen, dass Sie auf dem richtigen Weg sind, ist »Ich«-Vergessenheit. Egal, ob Sie selbst schöpferisch tätig sind oder Schönes einfach nur respektvoll (→ 12) wahrnehmen – durch die Hingabe ans Schöne schrumpft Ihr Ego auf Sandkorngröße. Es versinkt einfach in einem geheimnisvollen Transzendenzerlebnis. Banale Tätigkeiten wie Tischdecken oder Blumengießen, Tanzen oder Fotografieren können zu ästhetischen Ereignissen werden, wenn Sie mit »künstlerischem«, gestalterischem Bewusstsein dabei sind. Ganz ähnlich ist es mit Lesen, Meditieren, Malen – kontemplativen Handlungen, die Ihre Sensibilität dafür schärfen, dass attraktive Oberflächen längst nicht so spannend sind wie die geheimnisvolle Tiefe dahinter.

Wahre Schönheit hat ein gigantisches Versöhnungspotenzial. Sie bildet eine Brücke zwischen Ihnen und der Welt, die nie so gut aussieht, wie man es gerne hätte. Schöne gemeinsame Erlebnisse wie ein Konzert oder eine Bergwanderung können Menschen (wieder) zusammenbringen. Auch wenn nicht jede/r den gleichen Geschmack hat, sind doch alle, über Grenzen der Sprache, Hautfarbe, Religion, Bildung und Meinung hinweg, empfänglich für das Schöne. Sie selbst können jeden Tag dazu beitragen, indem Sie aus Ihrem Leben ein Lebenskunstwerk machen und nie aufhören, das Schöne zu erlernen – es zu sehen, zu hören, zu riechen, zu schmecken, zu erschaffen und zu gestalten. Für sich selbst und andere.

In dem Maße, in dem Sie geistig-seelische Schönheit in Ihr Leben lassen – wie »hässlich« es auch gerade sein mag –, *werden* Sie selbst schön. Nach und nach wird Ihre Weigerung, sich den Umständen zu ergeben, und Ihr Bedürfnis, das Schöne zu feiern, zur ethischen Haltung (→ 14), mit der Sie sich und anderen auch durch schlimmste Zeiten hindurchhelfen können. »Solange du dies jedoch vernachlässigst«, so der griechische Philosoph Epiktet (50–125 n. Chr.), »bleibst du notwendigerweise hässlich, auch wenn du mit noch so vielen Künsten versuchst, schön zu erscheinen.« Das Schöne, Wahre und Gute sind auch heute nicht zu trennen. Die Magie der *kalogathia* entfaltet sich mit der banalsten Geste. Die Rose am Bett eines Sterbenden kann der größte Trost überhaupt sein. Genauso, wie die Kontemplation eines Sonnenaufgangs ein Leben verändern kann.

Von der Wertschöpfung

Unter Experten ist »Ästhetik« (von griechisch *aisthesis* für »sinnliche Wahrnehmung«) ein beliebtes Thema. Chirurginnen, Friseure, Modelscouts, Trendforscher und Philosophinnen haben alles Mögliche über ihren Wert und Unwert zu sagen. Doch die Expertenmeinung (→ 3) zählt wenig, denn in unserem Alltag beschränkt sich die Definition und Bemessung von Schönheit stets auf die Oberfläche. Doch wahre Schönheit lässt sich schwer in Worte fassen, man muss sie (er)leben, so wie Liebe, Sinn und Glück. All das sind Werte, mit denen wir etwas – für uns selbst wie für das Leben insgesamt – Positives, Gutes meinen und die uns zum Denken, Fühlen und Handeln motivieren. Wenn Sie etwas »wertvoll« nennen, verbinden Sie damit implizit eine ethische Bedeutung, die sprachlich nicht fassbar ist. Auch der

Wert des Schönen ist letztlich unergründlich, unerschöpflich, geheimnisvoll. Sie finden einen Menschen, eine Landschaft oder ein Kleid schön, nicht nur, weil der jeweilige Gegenstand Ihrem Geschmack entspricht, sondern weil Sie der festen Überzeugung sind, dass er schön *ist.* Punkt. Schönes wie eine Symphonie, eine glitzernde Meeresoberfläche oder eine antike Statue beinhalten eine »Wahrheit«, an der nicht zu rütteln ist. Was für das Schöne gilt, ist »wahr« auch für das Gute: Wäre Helfen zum Beispiel eine reine Geschmackssache, würden Sie an Flut- oder Erdbebenopfer auf der Grundlage eines Lustprinzips oder bestimmter sozialer Interessen spenden – worin bestünde der ethische Wert, die normative Kraft Ihres Gutseins?

Indem man die so schwer sprachlich zu definierende seelisch-geistige Schönheit sinnlich wahrnimmt, kann man sie erkennen. Sie ist – wie das Leben selbst – eine nie versiegende Quelle der Wertschöpfung. Lebenskunst ist ein nie endender Transformationsprozess, in dem Sie mit der Natur, den Lebewesen, Dingen und Ereignissen dieser Welt interagieren und kollaborieren, um das »Schönste« draus zu machen.

Was ist schön?

- das Geheimnisvolle
- das Unsagbare
- das Unerschöpfliche
- das Leben selbst

Als Informatiker können Sie mit der Einheit des Schönen, Guten und Wahren überhaupt nichts anfangen. Sie interessieren sich höchstens für die Schönheit von Nullen und Einsen.

Wie können Sie dieses Ihrer Meinung nach völlig nebulöse Kapitel in die Praxis umsetzen?

Lösen Sie sich vom Bildschirm. Schalten Sie alle Töne und Beats aus. Gehen Sie in die Mitte Ihres Zimmers, setzen Sie sich auf den Boden und schließen Sie die Augen. Versuchen Sie sämtliche Geräusche in der Umgebung wahrzunehmen, auch das Hüsteln in der Nebenwohnung, auch die hupenden Autos unten auf der Straße. Und dann achten Sie auf die Stille zwischen den Geräuschen. Versuchen Sie sie zu »hören« wie Ihre Lieblingsmusik. Sie können sich auch selbst ein Lied vorsingen und zwischendurch immer wieder abbrechen, um den Intervallen der Stille zu lauschen. Bitte halten Sie mich nicht für verrückt – ich meine es ernst. Diese Übung eignet sich hervorragend, um Ihre (wohl berufsbedingt) betäubten Sinne wieder aufzuwecken. Denn die Sinnesorgane sind die Werkzeuge aller Lebenskunst. Nutzen Sie einen freien Tag, um allein in einen Park oder Wald zu gehen. Beobachten Sie, wie der Wind die Blätter streift, oder betrachten Sie einen abgebrochenen Ast. Nicht eine, sondern mindestens drei Minuten lang. Wiederholen Sie solche Wahrnehmungsübungen, so oft es geht. Irgendwann wird sich an irgendeiner Stelle Ihres Alltags etwas verändern. Vielleicht haben Sie eine wichtige Erkenntnis (»Wahres«); vielleicht erinnern Sie sich plötzlich an einen Menschen, der Ihnen einmal sehr geholfen hat oder den Sie geliebt haben (»Gutes«); vielleicht bemerken Sie auch plötzlich das Chaos in Ihrem Schlafzimmer – und fangen hoch motiviert an, Ordnung zu schaffen (»Schönes«).

Ihre elfjährige Tochter glaubt, ständig top gestylt und glücklich zu erscheinen und dies mittels Selfies »beweisen«

zu müssen. Wenn Sie ehrlich sind, sind Sie auch von dieser Sucht betroffen. Wie können Sie sich beide davon lösen?

Ich-Fixiertheit ist das klassische Symptom einer narzisstischen Kultur (→ 8), der die Inspiriertheit abhandengekommen ist. Wie Sie selbst längst erkannt haben, sind nach außen demonstrierte oberflächliche Jauchz-Momente eine Mogelpackung, so nährstoffarm wie Instant-Nudeln. Kinder lernen am Modell: Wenn Sie Ihre Tochter aus deren Sucht nach »schön« grinsenden Selfies befreien wollen, sollten Sie bei sich selbst anfangen. Wagen Sie einen Perspektivwechsel und werden Sie zur freiwilligen Schülerin des wahrhaft Schönen. Besuchen Sie Fotoausstellungen oder Kunstgalerien. Betrachten Sie nicht nur Bilder »diverser« Menschen, sondern auch Naturdarstellungen. Lassen Sie Farben, Formen, Proportionen auf sich wirken und versuchen Sie zu beschreiben, was Sie sehen und empfinden. Lernen Sie unterschiedliche Spielarten von »schön« anhand verschiedener Stilepochen kennen. Wenn Sie das nächste Mal unterwegs sind, lassen Sie sich von dem, was Sie sehen und nun *ganz neu zu sehen gelernt haben*, inspirieren und bereichern. Statt vor lauter Knipsen und Mundwinkelhochreißen nichts richtig zu sehen und zu erleben.

Seit Ihr Partner gestorben ist, waren Sie nur selten an seinem Grab. Sie überlegen, die Grabstätte aufzulösen.

Ein Grab ist ein symbolischer Ort des Wiedersehens. Wenn Sie das Grab Ihres verstorbenen Partners besuchen, besuchen Sie den Menschen, als würde er weiterexistieren. Viele Leute lösen das Grab ihrer Angehörigen aus Kosten- oder Zeitgründen auf. Wenn Sie irgendeine Möglichkeit haben, es nicht zu tun – tun Sie es nicht. Sie können diesen traurigen Ort zu etwas Schönem machen. Sie können regelmäßig Blumen zum Grab bringen und es pflegen wie einen kleinen Garten. Sie können Samen aussäen und zuschauen, wie allmählich neues Leben aus der Erde sprießt. Vielleicht glauben Sie nicht an Gott oder ein Weiterleben nach dem Tod (→ 17). Sie können aber *nicht ausschließen*, dass es so etwas wie eine menschliche Seele gibt (da Sie *nicht beweisen können*, dass es sie *nicht* gibt). Wie immer die Seele des Verstorbenen beschaffen sein mag – falls sie existiert, braucht sie den Trost durch das Schöne, Gute und Wahre ebenso wie Ihre eigene. Der Wert der Grabpflege ist nicht zu unterschätzen. Sie ist ein ästhetisches wie ein ethisches Ritual, das die Sphären von Leben und Tod miteinander versöhnt und Ihnen beim Trauern und Erinnern hilft.

14

DIE HALTUNG:

Drei mutige Frauen und ihre Lektionen

Gutsein ist keine Frage des Geschmacks. Es ist eine Stilfrage. Guter Stil erfordert nicht nur unbedingten Respekt für andere, sondern auch die Achtung der eigenen Würde. Indem Sie einen guten Stil kultivieren, nutzen und erweitern Sie Ihre menschlichen Potenziale. Wenn Sie Form und Inhalt – das, was Sie tun, und wie Sie es tun – in Einklang bringen, schaffen Sie die besten Voraussetzungen für das Gelingen Ihres Lebens, gerade auch in Krisenzeiten. Ohne Form wäre Ihre Existenz den Volten des Zufalls ausgeliefert, ein einziges Herumeiern. Ohne Inhalt käme Ihnen die Orientierung, das Wofür abhanden. Wenn der Alltag ins Außeralltägliche kippt, kommt es auf die Haltung an. Als verantwortungsbewusster Mensch sind Sie dann zu guten Stil verpflichtet. Oder vielmehr: Sie verpflichten sich freiwillig selbst dazu.

Dies war auch die Überzeugung dreier mutiger Frauen, die ihr ethisches und ästhetisches Gespür dafür nutzten, sich der schmerzhaften Realität zu stellen, um Ungerechtigkeit, Unfreiheit und Feigheit sichtbar zu machen und zu bekämpfen. Simone Weil (1909–1943), Hannah Arendt (1906–1975) und Susan Sontag (1933–2004) lebten im 20. Jahrhundert, jener Epoche, in die zwei Weltkriege und so unfassbar viele humanitäre Verbrechen fielen. Nie wieder Krieg in Europa:

Gerade weil diese unsere Hoffnung enttäuscht wurde, ist der Blick zurück – auch angesichts der multiplen Krisen und Herausforderungen unserer Zeit – umso wichtiger.

Die Philosophinnen Simone Weil und Hannah Arendt und die Kulturkritikerin Susan Sontag waren außergewöhnliche Persönlichkeiten, keine perfekten Heiligen, sondern nonkonformistische Rebellinnen mit Herz. Alle drei riskierten viel, fast zu viel für das Gute. Ihre Entscheidungen sind nicht immer und nicht für jede/n nachvollziehbar und vorbildlich. Trotzdem (vielleicht auch: gerade deshalb) lässt sich von ihnen viel lernen; vor allem, dass Haltung nichts mit moralischer Perfektion, aber sehr viel mit Normverweigerung zu tun hat.

Lektion 1 – Simone Weil: Für das Leiden anderer sensibel bleiben

Die französische Philosophin, Mystikerin und zeitweilige Aktivistin ist Tochter einer jüdischen Familie aus besten Kreisen. Simone studiert an der renommierten École Normale Supérieure – als erste Frau, die 1917 dort zugelassen wird – und wird Lehrerin. Doch die intellektuelle Theorie ist ihr zu wirklichkeitsfremd. Es drängt sie, sich für die Verlierer der Industrialisierung stark zu machen und zu erleben, was sie erleben. Simone will sich ihnen zugehörig fühlen, indem sie sich trotz ihrer schwachen Konstitution als Aktivistin beweist. Mit 25 malocht die stets kränkelnde Simone ein Jahr lang im Heer ungelernter Fabrikarbeiterinnen der Metall-, Elektro- und Autoindustrie. Schnell erfährt sie, wie die Automatisierungsprozesse sie lähmen, müde und fügsam machen. Umso mehr spürt sie die Notwendigkeit, den Schmerz, der durch die brutale neue Arbeitswelt verursacht wird und den sie nun am eigenen Körper erlebt, sehr aufmerksam wahrzunehmen. Ihr Experiment zeigt ihr: Wer ständig über die eigenen physischen Grenzen gehen muss, hat keine Chance sich zu wehren. Dieses Erlebnis prägt sie für ihr ganzes weiteres Leben.

Die agnostisch erzogene Simone entwickelt sich nach diversen religiösen Erfahrungen zur christlichen Mystikerin, befasst sich aber auch mit hinduistischen und buddhistischen Lehren. Nach Beginn des Zweiten Weltkriegs hilft sie mit, Aktionen der französischen Antifaschismus-Bewegung in England zu organisieren. Schmerz, Gewalt und Tod bleiben ihre Begleiter – wie das Schreiben. Sie veröffentlicht Essays und Artikel; die wenigsten finden zu ihren Lebzeiten Resonanz. Doch die ständige, quasi-stoische Schreibübung (→ 11) in Form von Tagebüchern, Briefen und Reflexionen gibt ihr Halt. Für das alltägliche Leiden sensibel zu bleiben, indem man darüber schreibt, wird für sie der wichtigste Teil praktizierter Nächstenliebe. Nächstenliebe als ethische Pflicht und einzige Möglichkeit, um die schmerzhafte Ohnmacht der Menschheit wirklich zu überwinden, um zu leben und zu überleben. Trotz ihres tiefen Gottesglaubens ist Weil klar, dass er allein nicht reicht, um Adolf Hitler und den Nationalsozialismus zu besiegen. Bereits an Tuberkulose erkrankt, entwickelt sie einen Plan zur Entsendung von Krankenschwestern an die Front, um die französischen Soldaten zu unterstützen. Nicht, indem sie die verwundeten Männer versorgen, sondern indem sie tatsächlich Seite an Seite mit ihnen kämpfen – als könnte allein ihre christliche Haltung die Waffengewalt beenden. Nur zehn Frauen würden anfangs genügen, um Hitlers Propaganda zu enttarnen, schreibt sie: »Diese Verbände gehen zwangsläufig aus einem religiösen

Geist hervor, nicht im Sinne einer Zugehörigkeit zu einer bestimmten Kirche, sondern in einem viel schwerer zu definierenden Sinne, der aber nur mit diesem Wort zu bezeichnen ist«, schreibt sie in ihrem »Plan für einen Verband von Frontkrankenschwestern«. Simone Weil stirbt 1943 in einer Londoner Klinik an Unterernährung und totaler Erschöpfung. War sie eine Fanatikerin des Guten? Aus ihrem unbedingten Willen zur Sensibilität, zum Zeugnisgeben und zum Widerstand ergeben sich jedenfalls wichtige Fragen, die wir uns selbst stellen sollten:

- Stecke ich zu sehr in meiner Haut, bin ich zu sehr meiner Lebensform verhaftet?
- Was bedeutet Zugehörigkeit für mich?
- Gegen wen oder was sollte ich jetzt *für andere* Widerstand leisten?

Lektion 2 – Hannah Arendt: Hinschauen, wo die anderen wegschauen

Wie Simone Weil lehnte Hannah Arendt realitätsfernes Denken und die Verlogenheit vermeintlich rechtschaffener Intellektueller ab. Sie, die deutsche Jüdin, Philosophin und politische Theoretikerin war es, die den Begriff »Banalität des Bösen« (→ 1) prägte. Schon als Schülerin in Hannover zeigt Hannah Haltung. Als ein Lehrer sich antisemitisch äußert, packt sie mitten im Unterricht ihren Ranzen, geht nach Hause und schreibt einen Protestbrief. Mit Wegschauen und Runterschlucken hat sie nichts am Hut. Mit fünfzehn fliegt sie von der Schule und muss das Abitur als Externe ablegen.

1933 kommt Hitler an die Macht. Doch nicht sofort folgt Hannah ihrem damaligen Mann ins Exil nach Paris. Erst einmal kümmert sie sich um andere. Sie funktioniert ihre Berliner Wohnung zur Unterkunft für politische Flüchtlinge um und recherchiert in der Staatsbibliothek über nationalsozialistische Propaganda gegen Juden, was zu ihrer kurzzeitigen Inhaftierung führt. Sie geht nach New York, wo sie später auch einen Lehrstuhl hat. Während des Kriegs organisiert sie Hilfsaktionen für Geflüchtete, danach schickt sie Carepakete nach Deutschland. 1961 berichtet sie als Journalistin aus Jerusalem über den Prozess gegen den Ex-SS-Obersturmbannführer Adolf Eichmann. Hannah will das »stinknormale« Grauen verstehen, das sie »Banalität des Bösen« nennt. Es ist für sie die schlimmste Form des Bösen, weil es von »Niemanden« begangen wird. Denn wer sich bei dem, was er tut, weigert zu denken und sich nicht erinnert, was er getan und nicht getan hat, *ist* nicht. Jedenfalls keine menschliche Person. Er »ist« »Niemand« – was ihn noch lange nicht seiner Verantwortung entbindet. Hannah vergleicht das banale, gedankenlose Böse mit einem Pilz, der sich an der Oberfläche über die ganze Welt ausbreiten kann. Das Böse ist wie ein Pilz wurzellos, »nicht radikal« (von spätlateinisch »radicalis« für »eingewurzelt«), weil derjenige, der es verursacht, eben vor sich hin werkelt, ohne je über seine Taten nachzudenken, die Erinnerung an sie einfach ignoriert. Eben wie ein Niemand. Wer nicht »ist«, hat auch keine Gedanken.

Für ihre These wird die Philosophin von allen Seiten angegriffen. Man wirft ihr vor, mit ihrer Rede von der »Banalität des Bösen« die NS-Verbrechen zu verharmlosen. Erst viel später, im Zuge der Populismus-Debatten, entdeckt die deutsche Öffentlichkeit sie als Denkerin der Freiheit und Pluralität wieder und lernt ihre Ehrlichkeit und Zivilcourage zu schätzen. Ihre umfangreichen Werke, in denen sie sich mit den Gefahren von Totalitarismus, Macht und Ideologie befasst, werden nun intensiv rezipiert. Mit ihrem lebenslangen Einsatz für mehr politischen Gemeinsinn und Dialog in einer angepassten, konsumistischen und arbeitsbesessenen modernen Gesellschaft fordert auch Hannah Arendt zur kritischen Selbstbefragung auf:

- Wie kann ich meine Gleichgültigkeit gegenüber Missständen – den kleinen und den ganz großen – loswerden, auch wenn sie mich nicht unmittelbar betreffen?
- Denke ich eigenständig?
- Handle ich aus einer freiwilligen Haltung heraus verantwortungsvoll und nicht, weil ich es muss?

Lektion 3 – Susan Sontag: Sein und Schein auseinanderhalten

Die Essayistin und Aktivistin, die in New York als Susan Rosenblatt geboren wurde, ging wie ihre Vorgängerinnen als scharfe Kritikerin der Konformität in die Geschichte ein. Wie Simone Weil und Hannah Arendt ist auch Susan eine Vielschreiberin. Sie lebt gefährlich, raucht Kette und nimmt Amphetamine, um noch mehr schreiben zu können – trotz und wegen ihres frühen Ruhms. Nach ihrem Studium geht es ihr zunächst nur um ihre intellektuelle Selbstverwirklichung als Kulturkritikerin und um ihre Lieblingsthemen: Seit den 1960ern und 1970er-Jahren befasst sie sich mit der Spannung zwischen Realität, Ästhetik und Ethik, die sie vor allem in Dokumentarfotografien wahrnimmt. Für Susan können solche Fotos die Realität sowohl verändern als auch enthüllen. Das Problem mit der Materialität dieser (Ab-)Bilder besteht nach Sontag darin, dass sie nicht real sind – aber immer realer, als man es wahrhaben möchte. Ob echt oder fake – Fotos können dem unkritischen Betrachter so real erscheinen, dass sie ihn mit ihrer Präsenz und Wirkmacht überwältigen, ohnmächtig und stumpf machen, glaubt sie.

1992 markiert eine Zäsur. Susan verlässt ihr komfortables New Yorker Leben, um sich in Bosnien zu engagieren. Nun will sie der Wirklichkeit, deren (Ab-)Bilder sie zuvor beschrieben hatte, selbst ins Auge sehen, um darüber aufzuklären. Im belagerten Sarajewo beteiligt sie sich an einem Filmfestival – gegen den Krieg und für die Kunst. Auch danach kehrt Susan immer wieder dorthin zurück, insgesamt elf Mal. Sie wird Zeugin von Trostlosigkeit, Armut und Tod. Sarajewo ist der Ort, der sie nicht mehr loslässt, ein Ort, an dem die Themen ihres Lebens zusammenlaufen: Realität und Abbild, Ethik und Ästhetik, Macht und Ohnmacht. Zum ersten Mal stürzt sie sich in eine Arbeit, bei der es nicht um ihre eigene geistige Weiterentwicklung geht. Stattdessen verwandelt sich ihr früherer Schreib- und Selbstverwirklichungsrausch in konsequentes ethisches Engagement. Susan ist der erste internationale Star, der öffentlich von »Genozid« spricht – und nicht mit Kritik an der Gleichgültigkeit der westlichen Elite, vor allem der reichen, saturierten Schriftsteller in den USA und Deutschland, gegenüber dem Bosnienkrieg spart.

Ihr Leben zu riskieren, das Grauen zu artikulieren und andere dafür zu sensibilisieren, wird Susans ›Neue Normalität‹. 1993 wird unter ihrer Regie in einem nur von Kerzenschein erleuchteten Theater der bosnischen Hauptstadt Samuel Becketts absurdes Stück *Warten auf Godot* aufgeführt. So zeigt Susan der Welt mit den Mitteln der Kunst, dass in Sarajevo nicht nur mittelalterliche Barbarei tobt, sondern das kulturelle Leben dort weitergeht – weitergehen muss. Ihre Fragen an uns lauten:

- Was ist wirklich real?
- Wie kann ich in einer Welt gefakter Bilder das Echte verteidigen?
- Wo ist das Leid so unerträglich, dass ich keine Wahl habe, als mit meinen Mitteln etwas dagegen zu tun?

Vom Engagement

Guter Stil heißt: Haltung zeigen. Guter Stil ist das Gegenteil von »Egal«. Es gibt zwei Wege, ihn zu erwerben: Entweder durch freiwilliges Training (→ 12) oder durch den Einbruch eines drastischen Ereignisses, das zum Gutsein verpflichtet. Die Zeiten, zu denen Simone Weil, Hannah Arendt und Susan Sontag lebten und wirkten, sind ganz andere als unsere – trotzdem gibt es Parallelen. Konformität, Gleichgültigkeit und Feigheit sind alltägliche Konstanten menschlicher Gesellschaften, genauso wie Ungerechtigkeit, Gewalt und Krieg. Das trifft aber auch auf das banale Gute zu, das die Banalität des Bösen durchbrechen kann. Wie sonnengelber Löwenzahn, der neben grauem Beton aus der Erde schießt.

Wenn Engagement für das Gute eine Stilfrage ist, geht es nicht um starre Regeln und Verordnungen. Zu Engagement sind Sie nicht verpflichtet, wie Sie (qua Konvention) dazu verpflichtet sind, Ihre Versprechen zu halten. Aber in bestimmten Situationen, zu bestimmten Zeiten können andere von Ihnen erwarten, dass Sie sich engagieren – und Sie selbst auch. Weil Sie ein Mensch sind, also ein Lebewesen, dessen Sein (→ 11) mit dem anderer verwoben ist. Jede Krise ist eine Chance, sich durch Engagement für ein Gemeinsames, das wichtiger ist als »Ich«, aus der Ohnmacht zu befreien.

»Engagiert euch!«, rief der ehemalige französische Widerstandskämpfer und Diplomat Stéphane Hessel (1917–2013) vor zwölf Jahren der jungen Generation Europas zu. Heute gibt es *Fridays for Future* und andere Jugendbewegungen. Viele unter Zwanzigjährige investieren viel Zeit und Energie für den Klimaschutz, um ihre Ohnmacht gegenüber unserer Trägheit zu überwinden. Sie sind nicht bereit, sich fraglos an die »Werte« der älteren Generation anzupassen. Sie nutzen ihren Einfluss (→ 7), um an die Zusammenhänge zwischen Klimakrise, Krieg und Migration zu erinnern. Und sie erwarten von uns, dass wir uns ohne Extraeinladung für Frieden, Chancengleichheit und Umwelt engagieren. Dass Sie und ich Haltung zeigen.

Sie wollen sich in der Flüchtlingsunterkunft in Ihrer Nachbarschaft engagieren, kommen aber vor lauter Arbeit nie dazu. Außerdem haben Sie die Kids am Hals, die Sie zur veganen, autofreien Existenz bekehren wollen. Ständig fühlen Sie sich schuldig.

Schuldgefühle bringen Sie nicht weiter. Sie machen nur ohnmächtig. Wenn Sie Haltung zeigen wollen, müssen Sie aus Ihrer Haut schlüpfen. Lassen Sie sich hierzu von Simone Weils sozialem Experiment inspirieren. Wie Simone damals die Rolle einer ungelernten Arbeiterin übernahm, so können Sie heute einen Rollentausch mit Ihren Kindern wagen. Nutzen Sie die gemeinsamen Abende, um Ihre

Tochter, Ihr Sohn zu »sein«, während sie oder er Ihre Person verkörpert. Beginnen Sie eine Diskussion über Klimagerechtigkeit und tauschen Sie dabei Argumente, Emotionen und Verhalten. Dies gibt Ihnen die Möglichkeit, sich besser einzufühlen und eine Zugehörigkeit zu einer Gemeinschaft zu entwickeln, deren Ziele Ihnen – überlastungsbedingt – abstrakt scheinen. So in Ihrer Haltung gestärkt, werden Sie sicher auch Zeit finden, Widerstand gegen den unmenschlichen *Workload* in Ihrem Job zu leisten – und schon bald einen »Slot« finden, um bei der Flüchtlingsunterkunft anzuklopfen.

Fast alle in Ihrer Abteilung wurden befördert, nur Ihre freundliche und kompetente afghanische Kollegin anscheinend grundlos degradiert. In der Kaffeeküche lästert man verstohlen über die etwas beleibte Kollegin, auch, weil sie keinen gängigen Attraktivitätsnormen entspricht.

Nur weil »Diversity« plötzlich in ist, sind Vielfalt, Lohngerechtigkeit und Menschlichkeit leider noch lange kein realer Bestandteil der Unternehmenskultur. Die von Ihnen beschriebene Situation ist ethisch inakzeptabel. Denken Sie an Hannah Arendt. Schauen Sie weiter genau hin, nicht weg. Der Keim zur Banalität des Bösen steckt schon in den kleinen alltäglichen Grausamkeiten, die alle »normal« finden. Reden Sie mit Ihrer Kollegin – an einem geschützten Ort abseits der Firma. Bitten Sie den Betriebsrat um einen Termin. Konfrontieren Sie Ihre Chefs, Kolleginnen und Kollegen mit dem Thema Diskriminierung und zwingen Sie alle zum Hinschauen.

Seit einiger Zeit überlegt Ihr Neffe, als Freiwilliger für die Ukraine mitzukämpfen. Sie haben die schockierende Neuverfilmung des Antikriegsdramas *Im Westen nichts Neues* gesehen, die 2023 vier Oskars gewann. Ob ein solcher Film den Jungen wohl dazu bringen könnte, sich das Ganze noch mal gründlich zu überlegen?

Ich glaube, das ist die falsche Frage. Sie versuchen, Ihren Neffen von dem abzubringen, was für ihn »Engagement« heißt. Befragen Sie sich zunächst selbst: »Was heißt Engagement für mich? Wovor möchte ich den Jungen schützen? Warum kann ich seine Absicht nicht akzeptieren, respektieren?« Ich schlage vor, Sie diskutieren mit Ihrem Neffen erst einmal ganz in Ruhe die kritischen Fragen, die uns Simone Weil, Hannah Arendt und Susan Sontag hinterließen. Und übrigens, ganz abgesehen von Ihnen und Ihrem Neffen: Susan Sontag würde sagen, ein »Antikriegsdrama« gibt es nicht. Denn jeder Film, der den Schrecken des Krieges abbildet, ästhetisiert das Grauen. Kriegsbilder transportieren keine eindeutige aufklärerische Botschaft (»Krieg ist schlimm«), sondern wirken ambivalent. Sie können schockieren oder betäuben wie Pornos. Sie können dazu motivieren, sich für den Frieden zu engagieren – oder begeistert an die Front zu eilen.

15

DIE BANALITÄT DES GUTEN:

Stil

Stil ist die Kombination aus Geschmack und Haltung. Niemand wird stilvoll geboren. Stil setzt Bildung voraus – ganz banale Herzensbildung. Was ein Mensch erlebt, was er daraus lernt und wie er es weitergibt, »formt« sein Stilbewusstsein. Stil ist der äußere und innere Ausdruck des Menschen in seiner Weigerung, sich dem Zufälligen und Schicksalhaften hinzugeben. »Stilsicherheit« kann man lernen. Nicht durch sture Anpassung an modische und gesellschaftliche Normen – durch kleine, gewohnheitsmäßige Abweichungen. Gemäßigter Nonkonformismus ist der Führerschein einer stilvollen Persönlichkeit: eine seelisch-geistige Haltung, die gegen die hohle, tendenziell bösartige Herdenmentalität aufbegehrt.

Eine der wichtigsten Lernerfahrungen im Leben ist, *dass es sich um Ihr Leben handelt*. Ob dieses Leben langsam immer glücklicher oder unglücklicher wird, hängt eben nie nur davon ab, *was* Sie tun, sondern auch *wie* Sie es tun. Ob in Beziehung zu anderen oder losgelöst vom Gemeinsamen, die Banalität des Guten verlangt nicht viel von Ihnen: nur ein Bewusstsein von Ihren menschlichen Fähigkeiten – und einen Raum, um diese Fähigkeiten zu entfalten und wirksam werden zu lassen.

Wo ist dieser Raum?
- in mir selbst
- unterwegs, im Büro, in der Küche, am Flughafen
- überall, wo andere Lebewesen sind

Jeder Mensch ist in einem permanenten Wandlungsprozess begriffen. Das Leben formt ihn, wie er selbst sich durchs Tun und Nichttun formt. Erst gegen Ende seiner Jahre zeigt sich, wozu er geworden ist. Leute, die man Jahrzehnte nicht gesehen hat und plötzlich in Person wiedertrifft, sind wie Romane. Die eine Variante trägt den Titel »Er/sie hat sich gar nicht verändert!«, die andere »Ich hätte sie/ihn nicht wiedererkannt!« In der Art und Weise, wie Sie selbst sich (nicht) wandeln, zeigt sich die Qualität Ihres eigenen Romans.

Stilvoll ist zeitlos. Die Zeiten ändern sich wie die Gesichter, die Körper, die Leben. Was bleibt in allem Wandel? Der Augenblick. Die Gegenwart ist immer da, sie geht nicht weg – sofern man ihrer *gewärtig* bleibt (→ 19). Große Transformationsprozesse wie geopolitische Machtverschiebungen, die Revolution der künstlichen Intelligenz oder lang anhaltende Kriege können Sie nicht aufhalten. Auch die schleichende Transformation des Alterns können Sie kaum beeinflussen. Dafür sind Sie fähig, elegant mit dem Wandel mitzuschwimmen, indem Sie (paradoxerweise) Ihrem Stil treu bleiben. Wenn Sie eine Krise durchlaufen und trotzdem an andere denken, trotzdem Ihr Lachen nicht verlieren, trotzdem wie jedes Jahr Chrysanthemen auf dem Balkon pflanzen, zeigen Sie Haltung und tun sich und anderen etwas Gutes. Der Stil der Menschlichkeit ist nie passé. Er zeigt sich in Ihren Worten und Gesten, in der ganzen Form

(→ 11), die Sie dem chaotischen Alltag verleihen. Stil spricht alle Sprachen, kennt alle Trends und ist zugleich wählerisch. Stil beschränkt sich auf frei gewählte Ausdrucksformen, die das Leben schöner und unkomplizierter machen. Nach der aktuell gültigen Konvention müssen Sie als Mann einer Frau nicht mehr die Tür aufhalten. Aber Sie können es tun, weil es zu Ihrem Stil gehört. Als Frau müssen Sie weder Männern noch Frauen die Tür aufhalten. Aber Sie können es tun, weil es höflich und respektvoll ist – und einen gemeinsamen Moment schafft. Einen Augenblick, den Sie so gestalten, dass er zu jeder Zeit zu einem (überraschend) angenehmen Erlebnis wird.

Stil stoppt das Rohe. Wenn ein Mensch geboren wird, ist alles an ihm: zart. Weich. Leicht. Beweglich. Je älter er wird, je mehr die Welt ihn ohrfeigt und kränkt, desto mehr riskiert er, alle Zartheit zu verlieren. Stil schützt vor diesem Verlust, indem es das Natürliche mit dem Zivilisierten verbindet. Einem anderen Menschen mit Stil zu begegnen, heißt, das Zarte an ihm wahrzunehmen, nicht das Harte. Stil verzichtet auf die Waffen des Alltags: Wut, Verachtung, Ungeduld, Arroganz. Wenn Sie in Ihrem Meinen, Sagen und Tun Stil beweisen, können Sie der Aggression den Wind aus den Segeln nehmen. Auch Ihrer eigenen.

Sie gehen zum Kreisverwaltungsreferat, um einen neuen Pass zu beantragen. Monate haben Sie auf Ihren Termin gewartet, und trotzdem sind Sie nicht gleich dran. Endlich sitzen Sie der Sachbearbeiterin gegenüber – und verzichten auf jegliches Nörgeln. Stattdessen beweisen Sie Stilsicherheit und nehmen die Anstrengungen der Frau, die tut, was sie kann, um nun zügig Ihren Antrag in die Wege zu leiten, sehr ernst. Nichts ist selbstverständlich. Also danken Sie ihr für Ihre Mühen (schließlich war nicht sie es, die den bürokratischen Wahnsinn Deutschlands erfunden hat). Ihr Herz weist Ihnen den Weg, sodass Sie das Individuum sehen und nicht die Masse, nicht das System. Stilvoll gestalteter menschlicher Umgang schafft Raum für Möglichkeiten des Miteinanders, die am Ideal des Guten orientiert sind. Ein solcher Umgang kann das Beste in jedem Menschen hervorbringen. Eine Kultur der Verständigungsbereitschaft, ein Ideal einfühlsamer Diplomatie, die die Welt – wenigstens teilweise – wieder »in Ordnung« bringt.

Stil feiert das Schöne. Der Wille, Schönes in hässliche oder chaotische Situationen einzubringen, triumphiert Tag für Tag über Ohnmachtsgefühle. Stil akzeptiert kein Chaos, sondern begehrt leidenschaftlich dagegen auf. Es ist banal, dass Sie jeden Morgen Ihr Bett machen, wie es banal ist, »Bitte« und »Danke« zu sagen und einer Gastgeberin Blumen mitzubringen. Doch diese Banalität enthält das Geheimnis innerer Schönheit (→ 13). Stilvoll lässt jede Wurstigkeit links liegen. Nichts ist egal. Es ist nicht egal, ob Sie Ihr Bett machen oder nicht. Auch, wenn Sie allein leben, ist es nicht egal. Selbst wenn Sie allein leben, leben Sie immer noch mit sich selbst zusammen – einer Person, der genauso viel Kultiviertheit, Höflichkeit und Respekt zusteht wie allen anderen. Schönheit ist nie nur eine Frage des subjektiven Geschmacks. »Echten Geschmack« beweist man nicht nur mit der Wahl bestimmter Krawatten oder Haarspangen, sondern vor allem mit Humanität und moralischer Kultur. Stilvolles Benehmen ist »schön«, weil es zeigt, dass es auf der Welt mehr gibt als Nützliches und Unnützes, Lustiges und Langweiliges. Denn Stil transportiert das Versprechen, das in der Einheit des Schönen, Wahren und Guten liegt: ein

Versprechen von langsamem Glück, das durch alle Zweifel und Dissonanzen trägt, das man trotz aller Widerstände verwirklichen kann.

Stilvoll ist anders. Konformismus ist Gift für Geist und Seele. Die automatische Anpassung an Normen, Konventionen und To-dos ist eine Unkultur, die Ihnen die Lebendigkeit raubt. Auch die geist- und seelenlose Anpassung an Ideale wie »Flexibilität« und »Agilität« transformiert die Welt nicht zum Besseren. Sie begünstigt vielmehr eine bequeme Warteposition. Anpassung um der Anpassung willen macht blind für neue Perspektiven. Stil rebelliert gegen Starrheit und Fantasielosigkeit. Leise, diskret und taktvoll. Stil entspringt dem Bewusstsein des Seins, nicht des Habens (→ 11). Der Stil Ihrer Kleidung, Ihrer Sprache, Mimik und Gesten kehrt nach außen, was Sie sind und zu werden im Begriff sind: eine Person, die alles schwernimmt, nur Probleme sieht, nicht neugierig ist, sich nicht öffnet und nichts dazulernt? Oder eine Persönlichkeit, die anders ist, die auch das Schwere »leicht« nehmen kann – weil sie zu oft erlebt hat, dass alles Negative eine positive Seite hat, und weiß, dass auf Dunkel meist Hell folgt? Stilvoll nimmt den Alltag mit *sprezzatura*. So nannte der italienische Diplomat Baldassare Castiglione (1478–1529) eine »›Preislosigkeit‹, im Sinne von Mühelosigkeit, Souveränität, die sich als solche nicht ausstellt« und sich nicht ernster als nötig nimmt, erklärt Kersten Knipp (* 1966) in seinem Buch *Die Erfindung der Eleganz*. Diese Unbeschwertheit, die in früheren Jahrhunderten zum Stil der elitären höfischen und Salonkultur gehörte, wäre heute die Disruption der Stunde. Sie selbst zeigen sich am innovativsten, wenn Sie ganz unbeschwert und cool die Fesseln des »Muss« und der Regelhörigkeit abstreifen. Sie, ich, wir alle könnten ganz anders sein: unverkrampft, uneitel, menschlich.

Stilvoll ist mutig. Fast alles im Leben ist eine Frage des Trainings. Sprechen, Singen, Lernen, Arbeiten, Lieben – alles bedarf sorgfältiger Übung und beherzter Experimente. Auch der Mut, den man im Leben beweisen muss … oder, viel besser: beweisen will. Mutig sein heißt Haltung zeigen, und Haltung ist, wie gesagt, der Kern guten Stils. In einer Welt, in der Schein oft mehr zählt als Sein und Geste mehr als Geist, beginnt aller Mut mit einer nachdenklichen Haltung. Nur so können Sie sich selbst treu bleiben – sonst vergessen Sie, was und *wie* Sie waren, sind und sein werden. Sich immer wieder bewusst zu machen, was man tat und nicht tat, was man tun wollte und nicht getan hat, gehört zum stilvoll-mutigen Umgang mit sich selbst. Es ist Teil des banalen Guten. Die verlogene Gewissenlosigkeit, mit der sich manche zu moralischen Größen »stilisieren«, um beruflich oder privat Eindruck zu machen (→ 8), ist dagegen Teil der Banalität des Bösen. Sie, ich, wir alle brauchen keine perfekten Vorbilder in Sachen Mut. Was wir brauchen, sind *Beispiele* unperfekter, ungewöhnlicher Persönlichkeiten (→ 14), die uns zeigen, dass es keine Ehrlichkeit in der Verlogenheit gibt. Und dass man mutig sein – und trotzdem irren kann. Mut ist kein Dogma, so wenig wie das Gute oder das Glück. Es kommt auf Zeit und Ort an und auf die individuellen Fähigkeiten und Möglichkeiten, die ein Mensch mitbringt, um der Wahrheit ins Auge zu blicken. Und zu erkennen, dass Mut zum Gutsein immer »lohnt«.

TEIL 4

FÜR DIE LEICHTIGKEIT

16

DIE SMARTIES:

Worin der Sinn des Lebens besteht

Niemand weiß, warum wir geboren werden und sterben. Haben Sie sich je gefragt, wozu Sie auf der Welt sind? Kam es Ihnen je surreal vor, Wolken zu betrachten, sich zu verlieben, Verträge zu unterschreiben, zu fliegen, sich über Verpackungsmüll zu ärgern, Katzen zu streicheln? Vielleicht halten Sie sich nicht für die geborene Denkerin oder den großen Grübler. Aber sicher haben Sie sich mindestens einmal in Ihrem Leben eine ganz große, alles umfassende Frage gestellt. Irgendwann, zwischen zwei Telefonaten, auf dem Weg zur U-Bahn, stand es unangekündigt vor Ihnen: dieses überdimensionierte Fragezeichen, dem keine Antwort folgte.

Soweit bekannt, ist der Mensch das einzige Lebewesen, das sich über den Sinn des Lebens Gedanken machen kann. Nur weil wir angeblich die Krone der Schöpfung sind, muss das aber nicht heißen, dass »Was ist der Sinn des Lebens?« eine berechtigte Frage ist. Sie könnte auch völlig verfehlt sein. Sinnlos. Eins scheint jedenfalls klar zu sein: Die Sinnfrage hängt mit unserer Bewertung der Realität zusammen. Sie resultiert aus der Kluft zwischen dem, was man von der Realität erwartet, und dem, was tatsächlich passiert – oder nicht passiert. Wenn Sie plötzlich zu weinen beginnen oder von einem unkontrollierbaren Lachkrampf gepackt werden, könnte es sein, dass Ihnen diese Diskrepanz schlagartig bewusst wurde.

Dass Sie als sinn- und glücksuchendes Wesen auf der Welt sind, ist nicht das Einzige, was Sie von einem Tiger oder einer Larve unterscheidet. Tiere kennen die Furcht vor Feinden, nicht aber die Angst vor morgen. Eine Wildsau ängstigt sich weder vor der Endlichkeit, noch findet sie eine Situation absurd, noch hofft sie, dass sich eine verzwickte Lage zum Guten wenden wird. Dies wiederum liegt daran, dass die Wildsau kein mit Ihrem vergleichbares Ich-Bewusstsein aufweist. Sie dagegen sind fähig zur Selbstreflexion. Sie können in sich selbst einkehren und einen Dialog zwischen »Ich« und »Mir« führen. Und das ist auch gut so. Einkehr dient dazu, Ihren bisherigen Weg selbstkritisch zu befragen, um dann entweder auf demselben Weg weiterzumachen – oder sich neu zu orientieren.

Ob und wenn ja, wie oft Sie die Sinnfrage stellen, ist natürlich immer auch eine Frage der Kultur, in der Sie leben. Wenn Sie in einer religiösen Kultur zu Hause sind, ist Lebenssinn integraler Bestandteil der göttlichen Bestimmung, eines allumfassenden Plans, dessen Konturen sich im Jenseits zeigen werden. Wenn Sie sich dagegen in weltlicher Umgebung bewegen, sind die Maßstäbe Ihres Sinnerlebens abhängig von der Erfüllung oder Nichterfüllung Ihrer subjektiven Wünsche und Bedürfnisse. In der kapitalistischen Moderne ist es Ihre Sache und Ihr »Problem«, wo und wie Sie Sinn finden. Ihren eigenen Sinn. In unseren Breiten gibt es kaum verbindliche Traditionen und Weltanschauungen und erst recht keine kirchlichen oder politischen Autoritäten, die *den* Sinn vorschreiben könnten. Sie müssen selbst herausfinden und entscheiden, was *Sie* sinnvoll *finden*. Und das meist nicht nur einmal. Sie können Ihren Sinn finden, verwerfen oder verlieren – und wiederfinden.

- Wofür lebe ich?
- Wie bin ich zu dem geworden, was ich bin?
- Habe ich mich in mir getäuscht, habe ich mich selbst enttäuscht?
- Wie werde ich zu der Person, die ich sein möchte?
- Ist meine subjektive Perspektive (immer) gut und richtig?
- Welche Fragen stellt mir das Leben – und was tue ich, um sie zu beantworten?
- Wie gehe ich mit der Endlichkeit um?
- Was bedeutet Glück für mich – was sollte es bedeuten?

Ihre Antworten fallen unterschiedlich aus, je nachdem, an welchem Punkt Ihres Lebens Sie gerade stehen und wie alt Sie sind. Wenn sich *Ihr* Sinn im Laufe der Jahre und mit wechselnden Umständen wandelt, gibt es also eigentlich mehrere *Sinne* Ihres Lebens. Hintereinander – und nebeneinander. Dass Ihr Sinn für Sie in der Arbeit besteht, schließt ja nicht aus, dass Sie ihn nicht auch in der Liebe, der Natur – oder in einer Portion Smarties finden. Was, wenn Sie sich jetzt für einen einzigen Sinn entscheiden müssten? Dreijährige würden die Smarties einem Sonnenuntergang klar vorziehen. Wenn man mit drei einen anderen Lebenssinn findet als mit dreißig, fünfzig oder achtundneunzig, was folgt daraus für die jeweils früheren Sinnbedeutungen? Diese rückblickend zu entwerten – bloß weil Sie jetzt schlauer, reflektierter sind –, wäre unfair Ihren früheren Selbsten gegenüber. Andererseits können Sie Ihre früheren und heutigen Sinne auch nicht einfach addieren, um einen »Gesamtsinn«

zu errechnen. Die Frage nach dem Sinn Ihres Lebens wie des menschlichen Daseins überhaupt ist kein mathematisches Rätsel. Es gibt keine »richtige Lösung«.

Kann auch sein, dass es überhaupt keine Lösung gibt. Weder für Ihre Sinnfrage noch für die Frage nach dem Sinn des Lebens an sich. Vielleicht ist alles sinnlos. Nur Zufall. Oder Simulation. Vielleicht sind wir nur Produkte einer künstlichen Intelligenz, die »uns« und »unseren« Sinn laufend neu programmiert. Natürlich ist auch das nur eine Hypothese. Aber warum kreisen dann solche Gedankenspiele in unseren Köpfen? Wozu gibt es antike und moderne Mythologien, all die vielen verschiedenen Varianten der Heldengeschichten von Homer bis Lara Croft? Was man auf jeden Fall sagen kann: All das sind nützliche, teils überlebenswichtige Fiktionen, die uns inspirieren und antreiben, immer weiterzusuchen. Immer wieder zurückzublicken auf das, was wir waren und wie wir lebten, um daraus einen neuen möglichen Sinn zu schöpfen.

Einerseits ist es Ihre Privatsache, worin Sie Sinn finden. Andererseits wäre es seltsam, wenn für Sie (als geschäftsfähiger Mensch) die Antwort auf eine so große Frage in einer Portion Smarties bestünde. Warum? Weil Ihre Antwort viel zu konkret wäre. »Smarties« könnte eine mögliche Antwort auf eine andere konkrete Frage sein (»Was soll ich mitbringen?«). Also scheint es doch Antworten auf die Sinnfrage zu geben, die irgendwie »richtiger« als andere wirken. Dies wiederum weist darauf hin, dass sich Sinn – wie Glück – meist doch nicht auf eine subjektive Geschmackssache reduzieren lässt. »Wir sind«, schreibt der Literaturwissenschaftler Terry Eagleton, »durchwebt von den Sinnvorstellungen und Bedeutungen anderer Menschen – Bedeutungen, die wir niemals selbst gewählt haben und die dennoch den Rahmen bilden für unser Verständnis von uns selbst und der Welt.« Sie und ich leben nicht allein auf der Welt. Es existieren Mütter und Väter und viele andere Leute um uns herum, und es gibt – wenn auch brüchige – Traditionen und Erfahrungen, mit denen wir aufwachsen, die uns prägen und formen.

Nicht nur unsere Eltern und Großeltern waren vor uns da. Noch viel, viel länger vor ihnen und uns gab es den Kosmos (→ 13). Die Welt war und ist da wie der Himmel – und wir wissen nicht warum. Sie wissen es nicht, wie Sie so vieles andere nicht wissen und verstehen. Hätten Sie da nicht eigentlich auch Grund zu resignieren? Dass Schlechtes und Böses geschieht und immer weiter geschieht, obwohl Sie täglich dagegenhalten, könnte Sie in den Pessimismus treiben. Sie könnten eine pessimistische Grundhaltung nach Art von Arthur Schopenhauer (→ 18) einnehmen. Dieser Philosoph war es, der alles Unverständliche und Chaotische mit der Allmacht eines erbarmungslosen »Willens« erklärte, einer Art formlos-dynamischem Prinzip, das die »Wirklichkeit« nur blind hervorbringt, um sich selbst zu reproduzieren. Ohne Sinn und Zweck. Leider ist der Pessimismus, der überall Absurdität und Sinnlosigkeit wittert – weil das Leben eben die Grenzen menschlicher Vorstellungskraft sprengt – ziemlich dogmatisch. Genauso dogmatisch wie sein optimistisches Gegenstück (→ 18). Einen riesigen Wasserfleck an der Wand zu entdecken und sich freudig jauchzend beim Universum zu bedanken, weil man *alles* gut, positiv, sinnvoll finden will, zeugt nicht nur von ideologischer Verklärung; eine solche Haltung ist auch etwas lächerlich. Oder?

Der Sinn des Lebens an sich ein Mysterium wie die Existenz des Kosmos insgesamt. Selbst wenn es keinen Gott, keine Göttin oder sonstige Kraft gibt, der/die das Weltall im Hinblick auf die menschliche Existenz entworfen hat – seine Ordnung, Gesetzmäßigkeit, Symmetrie und Schönheit (→ 13) sind (trotz oder aufgrund der vielen Fragezeichen, die es gleichwohl enthält) *atemberaubend.* Es ist atemberaubend, dass aus Tod (→ 17) neues Leben wird, dass auf Winter Frühling folgt. Und dass trotz allem Hass so viel Liebe auf der Welt existiert. Niemand kann beweisen, dass die Frage nach dem Sinn nicht selbst sinnlos ist. Doch genauso wenig kann man belegen, dass es »Sinn« nur gibt, weil wir uns den Kopf darüber zerbrechen. *Es ist nicht sinnvoll, Sinn »wissen« zu wollen, aber es ist sehr sinnvoll, an seine Existenz zu glauben.* Ich glaube, dass Sinn nie nur subjektiv ist. Er ist auch als objektiver Wert in der Welt vorhanden. Wie jenes Glück, das anschwillt und sich vermehrt und immer weiterexistiert, auch wenn man selbst diesen Planeten längst verlassen hat.

Es gibt schnellen und langsamen Sinn genauso wie schnelles und langsames Glück (→ 1). Ein Aha-Erlebnis kommt und geht schnell. Die Kontemplation der sonnenbeschienenen Dolomiten hingegen ist ein Prozess, der sich weit über die visuelle Kompetente hinaus ins Reich der Gefühle und Gedanken ausbreitet und lebenslang nachwirken kann. *Langsamer Sinn IST langsames Glück.* Beides kann man erlernen und erüben (→ 1); beides ist eine ethische Art zu leben, zu fühlen und zu handeln; beides beruht auf der Haltung, ohne Zwang, mit Leichtigkeit, Gutes zu tun, wann immer sich die Gelegenheit ergibt. Dass Sinn und Glück eins sind, erkennen Sie meist nicht im Stoßverkehr. Sondern dann, wenn Sie im Auto, auf der Parkbank oder dem Sofa sitzen und bei sich selbst einkehren. Als wären Sie Ihr eigenes kleines Lokal, in dem es still ist und Sie ganz gemütlich, ohne Eile, Tee trinken können. Wo

Zeit und Raum ist für jeden einzelnen noch so abstrusen Gedanken, für jedes noch so außergewöhnliche Gefühl.

»Jetzt« kann ein Moment sein, den Sie als sinnlos empfinden, wenn Sie sich von ihm überwältigt und gefangen genommen fühlen. Oder ein Augenblick, der sich langsam mit Sinn füllt, weil Sie ihm Aufmerksamkeit schenken. Und eine neue Antwort in ihm entdecken.

Vom Dasein

Die größten Fragezeichen ergeben sich, wenn vermeintlich gesicherte Routinen, Überzeugungen, Rollen und Autoritäten ins Wanken geraten – oder plötzlich verschwinden. Krieg, finanzielle Not oder schwere Krankheit stellen das Dasein überhaupt infrage. Sie lassen an allem (ver-)zweifeln. Paradoxerweise geben Krisen aber auch oft gute Hinweise, wie man Sinn finden kann (Ihren eigenen wie den des Lebens überhaupt). Ein Hinweis des Schweizer Philosophen Peter Bieri (1944–2023) lautet: Sinn liegt in der *Selbstbestimmung*. Ihnen wird klar, dass Sie in Ihrem Denken, Fühlen und Tun frei sein und keine Unterdrückung, Bevormundung, Manipulation durch andere dulden wollen. Zugleich erkennen Sie, dass Ihre Unabhängigkeit nur im Kontext eines Gemeinsamen wertvoll ist. Was nützen Ihnen Ihre Wünsche und Interessen, wenn niemand da ist, der sie respektiert, anerkennt, schätzt? Kein Mensch kann ganz allein leben und überleben – und erst recht keinen Sinn finden. Das geht nur im selbstbestimmten Zusammen-Sein.

Ein anderer Hinweis lautet: Sinn liegt in der *Wahrhaftigkeit*. Gerade in Krisenzeiten merken Sie, dass Sie sich nicht dauerhaft selbst belügen und betrügen können. Wenn Sie sich selbst nicht trauen und sich nicht auf sich verlassen können, wenn Sie zu Selbsttäuschung und Unehrlichkeit neigen, werden Ihre Beziehungen zu anderen schwierig. Das Eingeständnis des eigenen Neids oder Egoismus, der eigenen Schadenfreude oder Missgunst ist sinnvoll, weil es viele kleine Alltagsverbrechen verhindert, bevor sie sich zu großen auswachsen.

Das Leben ist wie ein ausgedehnter Ozean. Als schwankendes Beiboot ohne inneren Kompass verlieren Sie schnell die Orientierung. Sicher unterwegs sind Sie nur als gleichermaßen stabiles wie bewegliches Schiff, auf dem immer genug Platz für andere ist. Wie wird die Reise enden? Und wo? Es gibt keine Garantie, dass Sie nicht doch irgendwann kentern. Na und? Dann holen Sie eben die Schwimmflügel raus. Das ist der Thrill menschlichen Daseins. Weder Sie noch ich noch irgendwer weiß, was kommen wird. Aber jeder Moment unseres Lebens, das wir gemeinsam wahrhaftig und selbstbestimmt verbringen, könnte den Sinn im Unsinn, Irrsinn, Hintersinn erahnen lassen. Wenn langsamer Sinn eine ethische Art zu leben ist, vielleicht besteht er dann einfach in diesem Leben selbst. *Der Sinn des Lebens ist das – ethisch gut gelebte – Leben.* Wahrscheinlich ist das tatsächlich die beste Antwort, die man kriegen kann.

Sie empfinden Ihr Dasein als sehr anstrengend. Zu viele Termine, zu viele Bahnfahrten, zu wenig Urlaub. Die Zeit vergeht wie im Flug. Wo ist da der Sinn?

Aus dem Taoismus ist ein Prinzip überliefert, das man »Gesetz der mindesten Anstrengung« nennen könnte. Genau das brauchen Sie jetzt. Auch wenn es trivial klingt: Ihre

Existenz wird leichter, wenn Sie weniger Energie verschwenden. Versuchen Sie sich nicht zu sehr reinzuhängen. Canceln Sie den ein oder anderen Termin (melden Sie sich wenn nötig krank). Nutzen Sie die Zeit zur inneren Einkehr. Statt sich verantwortlich zu fühlen bezüglich der Erwartungen anderer, fühlen Sie sich nun verantwortlich für Ihr Leben. Stellen Sie sich die eine oder andere der obigen Fragen und versuchen Sie zu akzeptieren, dass der Zug soeben ohne sie abgefahren ist. Dann besuchen Sie Ihre betagte Freundin, die Sie schon so lange wiedersehen wollten. Wenden Sie das »Gesetz der mindesten Anstrengung« auch auf andere Situationen an. Und fragen Sie sich anschließend: Wie viel hätte ich gewonnen, wenn ich mich (noch) mehr angestrengt hätte? War die Zeit mit mir und anderen nicht ein großes Sinn-Geschenk?

Das Leben hat es gut mit Ihnen gemeint. Sie haben aktuell eher zu viele als zu wenige Sinn-Optionen, und Sie haben tolle Kontakte. Sie könnten nach Dubai gehen, aufs Land ziehen oder den ganzen Tag zu Hause bleiben. Trotzdem können Sie in keiner einzigen Option wirklich Lebenssinn entdecken.

Die Tatsache, dass Ihnen so viele Wege offenstehen, hindert Sie daran, *Ihren* Weg zu gehen. Damit meine ich nicht den, der Ihrem Ego am meisten gefallen würde, sondern den, den Sie nach Maßgabe Ihrer Möglichkeiten gehen können, um Ihr Leben wie das anderer mit Sinn und Glück zu erfüllen. Wie wäre es, wenn Sie jetzt drei Monate ein Ehrenamt oder Praktikum in einem Gefängnis oder einer psychiatrischen Klinik übernähmen? Einer Ihrer tollen Kontakte kann Ihnen bestimmt eine sinnvolle Tätigkeit vermitteln. »Sinnvoll« soll heißen: was Sie *wirklich* leben lässt. Überlegen Sie nicht lange. Tun Sie es. Der Reflexionsprozess startet automatisch, *während* Sie ins Tun kommen. Tun Sie es, leben Sie los. So wenig wie Sie Ihr Leben völlig losgelöst von Ihrer subjektiven Warte analysieren können, so wenig können Sie von Ihrem jetzigen Standpunkt aus Sinn und Glück »entdecken«. Beides wird sich einstellen, wenn Sie Ihre Optionen Optionen sein lassen – und sich fürs Gutsein entscheiden.

Sie sind auf ganzer Linie gescheitert und befinden sich in einer tiefen inneren Krise. Was kann Ihnen jetzt helfen, neuen Sinn zu finden?

An jeder Krise (von griechisch *krinein* für »unterscheiden«) zeigt sich der Unterschied zwischen vorher (»besser«) und nachher (»katastrophal«). Lassen Sie sich von Ihren Bewertungen der Lage nicht an der Nase herumführen. Nehmen Sie Abschied von Ihrem alten Lebenssinn. Trauern Sie ganz bewusst um verpasste Möglichkeiten und verhinderte Träume. In Ihrer Krise liegt die Chance, sich von Illusionen und Selbsttäuschungen zu verabschieden. Gehen Sie in die Natur. Entdecken Sie die Schönheit (→ 13) von Gräsern, Pflanzen, Bäumen und gestehen Sie sich ein, dass Sie selbst Teil der Natur sind, die entsteht, lebt und vergeht. Erkennen Sie, dass alles Leben Risiko ist. Man weiß nie, was kommt. Ein Tornado. Ein Tsunami. Oder Sonnenschein. Alles ist möglich. Sie können neuen Sinn finden, wenn Sie sich von sich selbst und anderen neue Wege zeigen lassen – und einfach losgehen. Zu den anderen hin. Ganz langsam. Hauptsache, Sie bewegen sich überhaupt. Bewegung ist Leben, und *gutes* Leben ist Sinn.

17

DAS HALBFINALE:

Über den Sinn des Todes

Schon morgen könnten Sie im Lotto gewinnen oder sich schockverlieben. Oder von einem Laster erfasst werden. Fast alles ist möglich. Das Leben bleibt spannend ... und extrem ungewiss. Sicher ist einzig, dass Sie sterben werden. Alle Menschen sind sterblich. Das Perfide an dieser feststehenden Tatsache: Sie geht ihrerseits mit einem großen Unsicherheitsfaktor einher. Zwar wissen wir, dass wir sterben. Aber weder wann noch wie. Unverschämtheit! Damit zu rechnen, dass es uns noch siebzig, dreißig, zehn Jahre geben wird, und doch keine Garantie dafür zu haben – das ist es, was das Leben so real und irreal zugleich erscheinen lässt.

»Tod« – was soll das heißen? Menschen des dritten Jahrtausends wie Sie und ich, Wesen, die in virtuellen Welten genauso zu Hause sind wie in Berlin, Mittweida oder Oberstdorf, tun sich schwer mit diesem Wort. T-O-D. Diese drei Buchstaben umgibt ein Tabu. Man möchte bitte bloß nichts damit zu tun haben. »Tod« stört den gewohnten hochtourigen Hightech-Tagesablauf »Tod« verhindert das Vorwärtskommen in einem System, das auf Ziele und Abschlüsse ausgerichtet ist. »Tod« hält den Verkehr auf. Als wären Sie gezwungen, mitten auf der fünfspurigen Autobahn aus Ihrem Ferrari auf einen Esel umzusteigen. Wie, die

Großtante ist gestorben? Was, man soll ihre Beerdigung organisieren, *ausgerechnet jetzt*? Im Zustand totaler Überlastung neben all den anderen Terminen *noch ein zusätzliches Gewicht* schultern?

Der Tod passt nie in Ihren Zeitplan. Er kommt, wann er mag, angekündigt, unangekündigt, rasend schnell oder ganz allmählich, und er findet zahlreiche Anlässe: Vielleicht stirbt Ihre Großtante, vielleicht Ihr bester Freund. Vielleicht sind Ihre Eltern alt und hilfsbedürftig. Vielleicht leiden Sie selbst oder jemand aus Ihrem nahen Umfeld an einer tödlichen Krankheit. Irgendwann ist es so weit. Dann klingelt er bei Ihnen, der Tod, dieser ungebetene Gast. Und macht sich in Ihrer Seele breit. Ist »er« einmal in Ihren Alltag geschneit, bleibt der Tod präsent. Und überträgt wie eine Art WLAN-Signal unaufhörlich Botschaften, die derart intensiv sind, dass sie sogar das große Rauschen (→ 3) überdröhnen.

- Pass auf dich und andere auf!
- Geh sorgsam mit deiner Zeit um!
- Lebe *gut!*
- DU könntest der/die Nächste sein!
- *Also lebe.*

T-O-D. Man möchte sich die Ohren zuhalten. Langsamkeit, Schwäche, Siechtum, Sterben: All das darf nicht sein, soll nicht sein, muss klinisch ausgelagert, »wegrationalisiert« werden. Der Tod ist Gegenstand kollektiver Diskriminierung und Verdrängung – wie sein kleiner Bruder, der Schlaf. Eine Gesellschaft, die nie genug vom Nicht-genug hat (→ 9), kann sich weder Schlafen noch Altwerden leisten.

5,5 Stunden Schlaf pro Tag sind ein Statussymbol, 8 Stunden ein Stigma. Augenringe lassen sich retuschieren, und im Kapuzenshirt wirkt man »sexy, fresh & healthy«. Bis man vor Übermüdung mit der Stirn auf den Laptop knallt. Die Jahre vergehen und präsentieren die Rechnung. Zum Schlafmangel gesellt sich das Älterwerden. Wer zugibt, dass die Knie, die Bandscheiben, die Arthrose Schwierigkeiten bereiten, kriegt im Job bald ein Problem. Marode Körper halten den Betrieb auf. Was bei unserem Leistungs- und Jugendwahn völlig unter den Tisch fällt, ist die Erfahrung und das Orientierungswissen Älterer. Wer das nicht wertschätzen kann, hat weder vom Leben noch vom Tod etwas verstanden.

- Wozu die großen Sinnfragen?
- Reicht es nicht, sich mit dem Sinn des Lebens zu begnügen?
- Warum auch noch nach dem Sinn des Todes graben?

Leben ist kompliziert. Selten läuft es so, wie Sie es sich wünschen. Wenn Ihr Leben Ihnen zu mühsam wird, können Sie nicht mal eben aussteigen. So lange es dauert, haben Sie keine Wahl, als die ganze Zeit mit sich (Ihrem Körper, Ihren Gefühlen, Gedanken, Empfindungen) zusammenbleiben. Schon deshalb drängt sich die Frage nach dem Sinn des Lebens (→ 16) auf. Beim Tod scheint das ganz anders zu sein. Wenn man mit dem Tod nichts zu tun haben, ihn so lange es geht von sich schieben möchte, ihn qua stiller gesamtgesellschaftlicher Übereinkunft diskriminiert und ächtet, warum dieses Etwas dann überhaupt zur Sprache bringen?

Ich glaube, wir gehen von falschen Annahmen aus. In

unserem Kulturkreis gelten Leben und Tod als sich ausschließende Gegensätze. Entweder ist man lebendig oder tot. Punkt. In Wahrheit hat das Leben keinen Gegensatz. Leben ist Wandel. *Leben IST*, egal, wie oft es vergeht. Der Tod ist nicht das Gegenteil von Leben. Gegensätzlich verhalten sich eher die Prozesse von Geborenwerden und Sterben – Vorgänge, die oft ähnlich schmerzhaft sind und ähnlich lang dauern können. Leben dagegen besitzt eine völlig andere Qualität. Leben IST nicht nur im Kontinuum zwischen »Noch-nicht-Sein« und »Nicht-mehr-Sein«, es reicht auch über die jeweilige menschliche, tierische oder pflanzliche Existenz hinaus. Wir selbst sind Stäubchen im All. Leben aber ist allumfassend. Auch der Tod gehört zum Leben.

Jemand stirbt. Ein Mensch, den Sie gut kannten. Erst sträuben Sie sich gegen diese Tatsache, die Sie weder mental noch seelisch *begreifen* können. In dem Moment aber, in dem Sie aufhören, die Sache *im Griff* haben zu wollen, vollzieht sich in Ihnen eine Wandlung. Sobald Sie bereit sind, von Ihren bisherigen Erwartungen, Gewohnheiten und »Gewissheiten« *loszulassen*, können Sie den Tod mit anderen Augen betrachten. Ihre Perspektive auf das Leben ändert sich. Sie unterbrechen Ihren eiligen Gang. Sie hören auf, das Unkontrollierbare kontrollieren zu wollen. Sie vergessen, auf die Uhr zu schauen. Sie halten Einkehr. Und spüren, dass der Tod Ihrem Leben eine beeindruckende Tiefe und Farbe schenkt. Schenken kann. Schenken könnte. *Wenn Sie den Tod als Teil des Lebens akzeptierten.*

Wäre die ganze Welt rot, gäbe es kein Rot. Sie könnten die Farbe ja gar nicht als solche erkennen. Rot braucht Blau, Grün, Gelb, Lila, um seine besonderen Eigenschaften zu entfalten. Genauso ist es mit Ihrem Leben. Wären Sie unsterblich – wie könnten Sie die Besonderheit Ihrer Existenz wertschätzen? Ihr Leben ist voller Verluste und Abschiede. Der Urlaub, der Stress, die Jugend – all das ist endlich. Nichts von dem, was Sie *haben* (→ 11), können Sie festhalten. All Ihre Besitztümer werden Sie am Ende los sein. Aber Sie SIND nicht das, was Sie einmal hatten. Sie sind nicht Ihre gesammelten Verluste. Das steckt hinter den Botschaften, die der Tod Ihnen wieder und wieder sendet. Wenn ein Mensch stirbt, steht er gleichsam im Halbfinale eines universellen Fußballspiels. Im Finale stünde er erst kurz bevor die ganze Welt zu Ende wäre. Wäre dies der Fall, gäbe es gar kein Leben mehr. *Game over* für immer.

Im Halbfinale heißt es Vergangenheit gegen Zukunft. Auf den ersten Blick scheint die Vergangenheit klar die stärkere Mannschaft zu sein. Doch die Zukunft kämpft, gelangt immer wieder in den Ballbesitz. Das universelle Fußballspiel findet in ein und demselben Menschen statt. Jede/r Sterbende ist der jüngste und älteste Mensch zugleich. Der Älteste, weil es – unabhängig von seinem realen Alter – kaum mehr Zukunft für ihn gibt (nicht in diesem Leben). Und der Jüngste, weil für ihn *alles* »auf Anfang steht«. Beginnt nun sein neues Leben im Jenseits? Vielleicht, vielleicht auch nicht. Für die Hinterbliebenen handelt es sich erst mal nur um den Anfang seines Todes. Des völlig Unbekannten und Dunklen, das so viel Verzweiflung, Wut und Trauer provoziert – aber auch die Macht hat, Leben in all seiner Strahlkraft zum Leuchten zu bringen. Solange dieser Planet nicht am Ende ist, solange Lebewesen geboren werden, sterben, so lange währt das Halbfinale des universellen Fußballspiels.

- Habe ich gelebt oder mich leben lassen?
- Welchen Sinn habe ich meinem Leben gegeben?
- Was habe ich für die getan, die nach mir kommen?
- Was zählt am Ende wirklich?
- Was IST wirklich wichtig?

Wir Lebenden sollten nie aufhören, sinnvoll zu leben, es zumindest immer wieder versuchen. Wenn das Leben einen Sinn hat und dieser Sinn im Gutsein besteht (→ 16), wenn ein gut gelebtes Leben langsames Glück ist, wenn Tod nicht das Gegenteil von Leben ist, sondern in einem inneren Zusammenhang mit ihm steht – dann muss auch der Tod einen Sinn haben. Dort, wo sich Sterbende befinden, im Halbfinale zwischen Vergangenheit und Zukunft, umgeben vom »Publikum« der Lebenden, scheint die Antwort auf alle Fragen zum Greifen nah. *Liebe.* Worin, bitte, könnte der Sinn des Todes bestehen, wenn nicht in der Liebe des Menschen zu seinesgleichen – angesichts der Sterblichkeit *aller*? Fragt die australische Autorin Bronnie Ware (* 1967), die lange Zeit als Palliativkrankenschwester arbeitete und mit *5 Dinge, die Sterbende am meisten bereuen* einen Weltbestseller landete.

Ihr Leben ist so vergänglich wie meins. Unser künftiger Tod ist eine Tatsache. Verdrängen oder Leugnen bringt nichts. Flucht vor der Wahrheit schafft Rastlosigkeit, eine permanente Sucht nach Ablenkung und der irren Vorstellung, für immer jung bleiben (oder wenigstens wirken) zu müssen. Wenn die Älteren ihre Sterblichkeit verdrängen, zeugt das von Orientierungslosigkeit. Wenn die Jüngeren die Älteren verlachen oder verachten, zeugt es von Ahnungslosigkeit. Alle – egal welchen Alters – müssen lernen, den Tod zu akzeptieren; und mit ihm den Kontrollverlust, die Hilflosigkeit. Nicht irgendwann. Jetzt. Es gilt vorbereitet zu sein, wenn der Tod klingelt. Das ist die wichtigste Hausaufgabe, die das Leben uns allen stellt. Sie sorgfältig zu erledigen, lohnt immer. Denn mit der Akzeptanz von Vergänglichkeit und Sterblichkeit wird uns auch klar, dass das Leben immer weitergeht, auch ohne uns, und dass wir deshalb Verantwortung tragen für die, die nach uns kommen. Liebe ist unser wichtigstes Erbe, die stabilste Verbindung zwischen Vergangenheit und Zukunft, Früher und Später, Jung und Alt. Wenn Lieben für alle so natürlich würde wie Atmen, hätten wir es in die Champions League der Sinnfindung geschafft.

Leben IST – und es ist *jetzt*, für die Jungen, die Älteren und die ganz Alten. Jetzt ist der Punkt, wo sich die Blickrichtungen aller berühren, der Blick zurück und der Blick nach vorn. Derselbe Baum im Hinterhof erzählt für die einen eine lange Geschichte voller Erinnerungen, für die anderen ist er vielleicht der perfekte Ort, um Fahrräder zu parken oder Freunde zu treffen. Erst alle Blickwinkel zusammen ergeben eine lebendige Gegenwart, die Synthese aller vergangenen und künftigen Möglichkeiten. Die Liebe der Jungen zu den Alten zeugt von Respekt (→ 12) für das noch Unverstandene und Unbegreifliche. Die Liebe der Alten zu den Jungen beweist ihren Willen zur Akzeptanz des Unabänderlichen – und ihr Bedürfnis nach Zukunft: einem Leben, das nach ihnen kommt und weitergeht, immer weiter.

Der Mensch ist ein Wesen in ständiger Transformation, seelisch, geistig, körperlich. Angesichts unserer eigenen Vergänglichkeit sollte uns das nicht genügen. Nicht, wenn wir *gut* sein wollen. Wenn Sie je einen Menschen verloren haben, ist Ihnen der Sinn des Todes vielleicht schon klar geworden. Vielleicht können Sie ihn auch bis heute nicht fassen. Vielleicht haben Sie einfach keine Kraft mehr zum Lieben. Womöglich gelingt es Ihnen aber zu vertrauen (→ 19), dass Ihnen diese Kraft wieder zuwachsen wird – weil Sie ein verantwortungsbewusster Mensch sind. Verantwortung hat sehr viel mit Liebe zu tun.

Verantwortung ist ein wichtiger Teil der Liebe. Liebe nur auf schöne Gefühle zu beschränken und dabei an romantische oder Mutter-Kind-Beziehungen zu denken, wäre naiv. Liebe ist viel mehr als nur eine Emotion, es ist eine Fähigkeit, die immer neue Energien freisetzt und zu visionären Taten motiviert. Niemand kann klar sagen, wie lange dieser Planet noch existieren wird. Doch allein die Möglichkeit, dass es weitere Generationen nach uns geben wird, ist ethischer Anlass genug, an die noch nicht Geborenen zu denken, bevor man sich zu kurzsichtigen, egozentrischen (Konsum-)Entscheidungen hinreißen lässt – und zu einer Lebensplanung, die keinerlei Platz für ehrenamtliche Tätigkeiten lässt. Wenn Sie ein Ehrenamt etwa im Bereich Umweltschutz, Flüchtlingshilfe oder Prävention sexuellen Kindesmissbrauchs übernehmen, trägt das nicht nur viel zum Sinn des Lebens aller bei; es zeigt auch, dass Sie den Sinn des Todes erkannt haben. Weil Sie einen Teil Ihres Lebens damit verbringen, ein paar Samenkörner auch für ein gutes Leben unbekannter Dritter zu streuen. Weil Sie Ihre Liebe Lebewesen schenken, die Sie nie kennenlernen werden (von denen Sie nicht einmal wissen, ob sie je geboren werden). Vielleicht sterben Sie, bevor die Kinder jenes jungen Migranten geboren werden, dem Sie gerade Deutsch beibringen. Selbst wenn es so wäre – die Wirkung der liebenden Verantwortung, die Sie jetzt ausüben, wird Sie überdauern.

Sie können Gutes tun, indem Sie jemandem Rat, Trost oder Geld schenken. Sie können aber noch mehr: im Bewusstsein der *ethischen Gleichrangigkeit heutiger und künftiger Menschen* handeln, wie es der schottische Ethiker William MacAskill (* 1987) fordert. Sie sind in der Lage, Ihr Gutsein nicht nur sich selbst und den Menschen vorzubehalten, die zur gleichen Zeit wie Sie selbst existieren, sondern auch denen zur Verfügung zu stellen, die nach Ihnen kommen. Vor dem Hintergrund des Wechsels zwischen Geborenwerden und Sterben heißt *Lieben*, als verantwortungsbewusster, mündiger Mensch dazu beizutragen, die Zukunft aller positiv zu beeinflussen. Indem man Jüngeren hilft, ihren Weg zu gehen, und dafür sorgt, dass Ältere sich respektiert, sicher und geborgen fühlen.

Vor drei Monaten erhielten Sie die Diagnose einer schweren chronischen Erkrankung. Nun sind Sie berufsunfähig – und können nicht akzeptieren, dass Sie nie wieder ein »normales« Leben führen werden.

Geben Sie nicht auf. Üben Sie sich weiter in der Inakzeptanz des Unabänderlichen. Wenn das nicht geht, versuchen Sie zu akzeptieren, dass Sie Ihre Situation *nicht* akzeptieren können. Wenn Sie sich bereit dazu fühlen, nehmen Sie sich eine Woche lang täglich Zeit zur Einkehr. Am ersten

Tag setzen Sie einen roten Punkt in die Mitte eines leeren Blatt Papiers. Um den Punkt herum zeichnen Sie in verschiedenen Abständen schwarze Kreise, in die Sie Ihren früheren Beruf, die Beziehungen, die sich durch Ihre Krankheit zum Schlechteren verändert haben, sowie sonstige Angelegenheit eintragen, welche in quälendem Zusammenhang mit Ihrer Lage stehen. Der Punkt symbolisiert das Leben – Sie selbst und alles, was *ist*. Die jeweiligen Abstände der Kreise zum Punkt markieren die Bedeutung, die ihr Inhalt für Sie hat. Am zweiten Tag nehmen Sie ein neues leeres Blatt. Zeichnen Sie das gleiche Modell nach. Mit dem Unterschied, dass Sie den Punkt in der Mitte nun etwas größer malen und die Kreise etwas kleiner. Wiederholen Sie die Übung täglich nach dem gleichen Prinzip. Am siebten Tag sollten Sie in der Mitte einen riesigen roten Ball sehen, umgeben von lauter kleinen schwarzen Punkten. Der Ball ist das allumfassende Leben, die Punkte das, was Sie nicht akzeptieren können. Leben, Überleben, Weiterleben, *Glücklichleben* geht, wenn Sie täglich etwas mehr loslassen können. Bis das Inakzeptable ganz klein geschrumpft ist. Bis das Leben wieder zu leuchten beginnt – und alle Verluste, alle Wut, alle Traurigkeit überstrahlt.

Obwohl Sie sich seelisch-geistig immer noch wie dreißig fühlen, ist es Fakt, dass Sie nächstes Jahr in Rente gehen werden. Die Vorstellung, von einem Tag auf den nächsten nicht mehr »wichtig« zu sein, nicht mehr gebraucht zu werden und einsam in Ihrem großen Haus zu sitzen, bereitet Ihnen Kopfschmerzen.

Sie sind nicht allein. Die meisten bemerken ab einem gewissen Alter eine schmerzliche Diskrepanz zwischen dem

Gesicht, dem sie morgens im Spiegel begegnen, und ihrer inneren Vitalität. So demütigend das sein mag – dem Rentensystem ist es egal, wie Sie sich fühlen und wie leistungsfähig, kreativ und innovativ Sie tatsächlich noch sind. Glücklicherweise gibt es genug Menschen, denen das nicht egal ist. Sie wollen gebraucht werden? Da draußen gibt es unzählige Studierende, die verzweifelt nach bezahlbarem Wohnraum suchen. Sie könnten diesen Leuten doch zwei, drei Zimmer in Ihrem Haus zur Verfügung stellen. Es wäre die perfekte Win-win-Situation: Die Jungen könnten sich auf ihr Studium konzentrieren und Sie hätten immer ein volles Haus. Ihr Zuhause könnte voller Leben, voller Liebe sein. Sie blieben im verantwortungsvollen Dialog mit der Zukunft – und bekämen Anregungen, wie Sie Ihre Expertise freiberuflich einsetzen oder sie anderen ehrenamtlich zugutekommen lassen können.

Sie sind neunzehn und haben große Angst vor dem Tod. Binnen Kurzem, fürchten Sie, werden Sie in einer Welt der Pandemien, Flutkatastrophen und Tornados ums Überleben kämpfen müssen.

Zahlreiche wissenschaftliche Prognosen zeigen, dass Ihre Angst nicht ganz unbegründet ist. Doch noch ist es nicht so weit. Die entscheidende Frage ist nicht, wann die Klimakatastrophe eintritt, sondern wie Sie *jetzt leben*. Wenn Sie Ihre Angst vor dem Tod besiegen wollen, lieben Sie! Nicht nur Ihren Partner/Ihre Partnerin, Freunde und Familie. Beweisen Sie liebevolles Verantwortungsbewusstsein gegenüber denen, die sehr viel früher sterben werden als Sie. Übernehmen Sie eine Patenschaft für einen Menschen, der in einem Altenheim lebt. Lesen Sie ihm vor, unternehmen Sie (sofern möglich) kleine gemeinsame Spaziergänge, halten Sie gemeinsam Einkehr. Lassen Sie sich von einem Leben erzählen, das lange vor Ihrem begann. Schenken Sie Ihrerseits ein wenig Zeit und Aufmerksamkeit. Menschenliebe. Es sollte Ihnen helfen, Ihre eigene Todesangst zu relativieren.

18

DER GUTE MOMENT:

Die Keimzelle des langsamen Glücks

Wie können Sie jetzt Gutes tun, trotz aller Ängste, Sorgen, Ablenkungen? Oft gelingt es Ihnen nicht, den *ethisch guten* Moment zu leben – Sie können es nicht, obwohl Sie es wollen. Oft sind es bestimmte Überzeugungen, die Sie daran hindern, Glaubenssätze, die entweder in die optimistische oder in die pessimistische Richtung gehen. Die Optimistin will alle Dunkelheit rosa färben, alle Menschen einschließlich sich selbst freudestrahlend zum positiven Denken animieren. Die Pessimistin neigt dazu, alles möglichst schwarzzusehen, überall eine Katastrophe zu wittern. Beide sind gleichermaßen unfähig, im Augenblick zu leben – ihn so wahrzunehmen und zu nutzen, wie er ist. Lassen Sie mich dies anhand eines fiktiven Dialogs verdeutlichen. In der Rolle der Optimistin: Talkshow-Königin Oprah Winfrey. Den Part des Pessimisten mimt der Philosoph Arthur Schopenhauer (1788–1860), einer der berühmtesten Schwarzmaler der Moderne.

August 2023, Montecito, Kalifornien
Oprah steht mit je einem Handy an jedem Ohr auf einer der Terrassen ihres Grundstücks und kontrolliert die Aufbauarbeiten des Kamerateams. Die Hitze der kalifornischen Sonne

treibt ihr Schweißperlen ins Gesicht, doch Oprah, positiv wie immer, lässt sich nichts anmerken. Da kommt ihr müde humpelnd ihr Interviewgast entgegen.

Oprah (strahlend): Welcome, Arthur!

Arthur (nach einem längeren Niesanfall): Was, in diesem abartig bequemen Korbsessel soll ich sitzen?

Oprah (voller Empathie): Right, Arthur, that's correct …

Arthur (lässt sich stöhnend in den Sessel fallen): Die Hitze ist unerträglich. Wie lange müssen wir reden?

Oprah (setzt sich ihm gegenüber und ordnet ihre Moderationskarten): Hier schon die erste Frage: Was ist Glück für dich als Philosoph?

Arthur: Eine sinnlose Frage. Das Leben ist *nicht eigentlich da, um genossen, sondern um überstanden, abgethan zu werden.* Was mir dazu noch einfällt: *Kommt zu einem schmerzlosen Zustand noch die Abwesenheit von Langeweile; so ist das irdische Glück im Wesentlichen erreicht: denn das Uebrige ist Chimäre.*

Oprah: Ist Glück nicht eher spirituelles Erwachen?

Arthur (miesepetrig): Unsinn. *Viel weniger irrt, wer, mit zu finsterem Blicke, diese Welt als eine Art Hölle ansieht und demnach nur darauf bedacht ist, sich in der selben eine feuerfeste Stube zu schaffen.*

Oprah: Kommt mir bekannt vor …

Arthur Schopenhauer (hellwach): Sie kennen *meine Aphorismen zur Lebensweisheit*?

Oprah: Nun, ich habe davon gehört. Ich möchte dir die Autobiografie der Schauspielerin Viola Davis empfehlen. Es geht um das wahre Glück, das in der Selbstfindung besteht. (frontal in die Kamera:) Ein aufbauendes Buch von radikaler Ehrlichkeit über die Suche nach Akzeptanz und Erfüllung!

Arthur (abschätzig): Blödsinn. Wie gesagt, Glück ist eine Chimäre, ein Trugbild. *Das Verkennen dieser Erkenntnis, durch den Optimismus begünstigt, ist die Quelle vielen Unglücks.*

Oprah: Ach, Arthur, Honey, du bist nur noch nicht erwacht. Kennst du meinen Podcast *Super Soul?* (frontal in die Kamera:) Dort erfährst du alles über den Sinn des Lebens und wie du deinem besten Selbst Schritt für Schritt näherkommst!

Arthur: *Bei jedem Schritt, im Großen wie im Kleinen, müssen wir erfahren, dass die Welt und das Leben durchaus nicht darauf eingerichtet sind, ein glückliches Dasein zu erhalten …*

Oprah (besorgt): Arthur, Sweetie, fühlst du dich nicht gut?

Arthur: … *Daher tragen fast alle ältlichen Gesichter den Ausdruck dessen, was man auf Englisch »disappointment« nennt.*

Oprah: *You look great!*

Arthur: Sehr nett. Das ändert jedoch nichts an der Tatsache, dass auch ich alt bin und immer älter werde.

Oprah: Ich kann dir ein Facelifting zu Sonderkonditionen vermitteln!

(Die kursiv gesetzten Passagen entstammen Schopenhauers berühmten *Aphorismen zur Lebensweisheit.*)

Ganz klar: Die real existierende Oprah Winfrey würde nie einen toten weißen Pessimisten in ihre Talkshow einladen, und der echte Schopenhauer hätte ihre Einladung auch nie akzeptiert. Mir geht es bei diesem »Interview« nicht um alternative Geschichtsschreibung, sondern um Einstellungen,

Haltungen, Glaubenssätze, die verhindern, für das Gute gegenwärtig zu sein, sinnvoll zu leben und dabei ganz langsam glücklich (→ 1) zu werden. Wo liegt das Problem? Der Dialog ist kein echter Dialog, denn keiner der beiden Protagonisten ist während des Gesprächs wirklich *da*. Oprah, die Optimistin, ist zu sehr damit beschäftigt, positive Botschaften an ihr Fernsehpublikum zu verkünden, Arthur, der Pessimist, ist auf die Schwarzseherei fixiert. So hört keiner dem anderen wirklich zu, keiner antwortet wirklich auf die Fragen des anderen. Die Optimistin verpasst den guten Moment, weil sie *nur Gutes* gelten lassen will, der Pessimist, weil er *überhaupt nichts Gutes* sieht. Beide ignorieren, dass dieser Augenblick Gegenwärtigkeit und innere Ruhe erfordern würde, um zuzuhören und sich menschlich auf einander einzulassen. Das Interview ist kein Miteinander, sondern ein Nebeneinander, ein Aneinander-Vorbei – eine Episode ungelebter Zeit.

Was ist »Zeit«? Eines der größten Rätsel überhaupt. Zeit ist paradox, endlich und unendlich zugleich. Im Alltag wirkt es oft so, als gäbe es nur das Endliche. Von Montag bis Freitag stecken Sie knöcheltief in Terminen und To-dos, die eine bestimmte *Deadline* haben. Vom Standpunkt der chronologischen Zeit aus haben Sie kaum je eine Chance, ein guter Mensch zu sein, weil Sie nicht frei sind, weil Sie ständig unter Druck stehen. Glücklicherweise gibt es haarscharf neben der genormten Weltzeit noch etwas anderes: die nicht messbare Eigenzeit.

Weltzeit: die chronologische, linear fortlaufende Zeit der Uhren (Vergangenheit, Gegenwart, Zukunft) → befristet, endlich

Eigenzeit: die subjektiv erlebte innere Zeit (die Gegenwärtigkeit, der gute Moment) → unbefristet, potenziell unendlich

Als moderner, gesellschaftsfähiger Mensch brauchen Sie natürlich einen Terminkalender. Sie müssen sich an Absprachen halten und mit allem immer lieber zu früh dran sein als zu spät. Wenn Sie ausschließlich dem Ticken der Uhren folgen und Ihre Eigenzeit ignorieren, sind Sie vielleicht einige oder sogar viele Jahre sehr erfolgreich – dann allerdings scheitern Sie »existenziell«. Denn im Laufe der (chronologischen) Zeit vergessen Sie den guten Moment, den Augenblick, in dem Sie sich um das sorgen, worum Sie sich *eigentlich* sorgen wollen (was Sie wollen *wollen*) (→ 2). Sie sind erfolgreich und trotzdem erledigt. Sie legen menschlich, seelisch, gesundheitlich eine Bauchlandung nach der anderen hin. In diesem Fall »gibt« es Sie zwar eine Zeit lang, mehr aber auch nicht. Sie erwirtschaften idealerweise Millionen, mehr aber auch nicht. Ihr Leben endet, und Sie haben nie die Unendlichkeit erfahren, die in jedem einzelnen guten Moment liegt. *Game over*. Mit einem Handy an jedem Ohr (wie die fiktive Oprah) kann niemand leben. Menschen ticken anders. Der Mensch ist keine Uhr. Sie sind kein Smartphone und auch keine künstliche Intelligenz. Solange Sie zur Spezies *homo sapiens* gehören, bestehen Sie aus den Elementen Körper, Geist und Seele. Sie besitzen eine Eigenzeit, ein inneres Zeitempfinden, das durch Fremdzeit nicht ersetzt werden kann und das gepflegt werden will wie ein sehr empfindlicher Organismus.

Sie steigen in die U-Bahn, nicken auf der Straße einem Bekannten zu, schneiden sich in den Finger, schlafen ein, wachen auf, lachen oder schreien – das Ergebnis ist immer das gleiche, egal, was Sie tun oder nicht tun. Die Zukunft nähert sich, tritt ins Jetzt ein – und plötzlich ist sie unwiederbringlicher Teil der Vergangenheit. Solange Sie jung sind, ist Ihnen das wenig bewusst. Sie sind viel zu sehr mit der Zukunft beschäftigt, um groß über der Vergangenheit (und all die Momente, die nanosekündlich in ihr aufgehen) zu brüten. Je älter Sie werden, desto öfter blicken Sie zurück. Sie fangen an, über Ihr bisheriges Leben – Ihre »Geschichte« – nachzudenken. Sie beginnen, zwischen Welt- und Eigenzeit zu unterscheiden. Sie sehen, *dass es unmöglich ist, gut zu sein, ohne nicht zugleich gegenwärtig zu sein.* Und fragen sich:

- An was erinnere ich mich?
- Was habe ich vergessen?
- Welche Erinnerungen überwiegen alles Vergessen?

Für Aristoteles war der Mensch ein Lebewesen, das »Sinn für Zeit« hat. Was er meint, ist: Man muss die chronologische Zeit nicht taten- und willenlos verstreichen lassen, sondern kann sich innerhalb der Weltzeit Ziele setzen. Bevor es zu spät ist, hat man immer die Möglichkeit zu wählen, welche Wege man gehen will: solche, die einen selbst schnell glücklich machen – oder solche, die ganz langsam, Augenblick für Augenblick, das persönliche Glück wie das Glück in der Welt vermehren; weil es die gleichen Ziele sind, die andere Menschen (eigentlich, wirklich, in ihren tiefsten Seelengründen) auch haben. Wenn Sie für das langsame Glück votieren, entscheiden Sie sich für unzählige gute Momente, die aus der chronologischen Zeit ausbrechen, um als Eigenzeit ins Unendliche hineinzuwachsen.

Das langsame Glück, das auf einer ethischen Haltung gründet und das Sie *gegenwärtig* aus sich selbst heraus entwickeln, bewahrt Sie nicht nur vor einem ungelebten Leben. Es immunisiert Sie auch gegen optimistische und pessimistische Überzeugungen, die – nach Maßstab des gesunden Menschenverstandes (→ 2) – schlicht unvernünftig sind. Optimisten meinen es zwar gut. Sie sind stark darin, sich und andere mit positiven Botschaften zu motivieren und aus dem jeweiligen Schlamassel zu ziehen. Kurzfristig jedenfalls. Die Unvernunft des Optimismus besteht darin, dass er keine Grenzen kennt. Wenn Sie Mensch und Welt durch die rosarote Brille sehen, fallen Sie leicht der Illusion anheim, dass es für jedes Problem eine Lösung geben wird, weil Sie ja alles in der Hand haben (wie Oprah Winfrey, die dem toten Schopenhauer ein Facelifting andrehen will). Wenn Sie vor lauter Optimismus *allen* helfen möchten, stehen Sie bald vor dem Burn-out. Auch der Pessimismus ist zutiefst unvernünftig. Als Pessimistin mögen Sie kurze Augenblicke der Zufriedenheit kennen, letztlich aber halten Sie das Leben für mehr oder weniger sinnlos, weil Ihnen für jeden »Beweis« für das Gute im Menschen ein »Gegenbeweis« einfällt – den man aus der Erfahrung heraus allerdings seinerseits »widerlegen« könnte.

Optimisten wie Pessimisten ticken nach der Weltzeit. Sie leben nicht jetzt, sondern in einer imaginären Zukunft. Die einen antizipieren einen Zustand des Optimalen (Utopie), die anderen nehmen den Weltuntergang vorweg (Dystopie). So gelingt es Ihnen nie, in der Eigenzeit leben – das Unendliche zu erfahren –, gegenwärtig zu sein. Jeder *gute* Moment hängt von der Fähigkeit ab, sich von Optimismus oder Pessimismus lösen – und die Haltung einer *Realistin* einnehmen zu können. Realistisch ist, mit dem Schlimmsten zu rechnen und *zugleich* auf das Beste zu hoffen. Realisten schließen nicht aus, dass das Leben auf Erden – zumindest vom Mars aus betrachtet – sinnlos ist. Aber sie tun trotzdem (und gerade deshalb!) alles, um Sinn und Glück in der Welt zu vermehren. Als Realist leben Sie weder *neben* Eltern, Partnern, Kindern, Freundinnen, Kollegen, noch *an ihnen vorbei*. Sie leben *mit ihnen und für sie*. So schaffen Sie weder Utopien noch Dystopien, sondern gelebte Realität.

Vom Füreinander

»Wie lange müssen wir reden?«, will Arthur zu Beginn des Interviews wissen. Dies zeigt, wie wenig ein Mensch, der keine guten Momente kennt, vom Leben hat. Er akzeptiert nur die chronologische, chronisch knappe Zeit. Der Pessimist hat Angst, dass man ihm die Zeit stiehlt, dass jemand anders sie totschlägt, bevor er es selbst erledigen kann. Arthur will schnell reden, damit er schnell wieder allein sein kann mit seinem ganzen Elend. Wäre da ein Hauch Realismus in ihm, würde er ganz anders fragen: »Was können wir miteinander anfangen? Wie lange können und wollen wir füreinander gegenwärtig sein?« Realistisch wäre, davon auszugehen, dass man die wichtigsten Dinge im Leben nicht beschleunigen kann. Man kann vielleicht schneller reden, aber nicht schneller schlafen. Sie können einen anderen Menschen nicht schneller kennenlernen. Sie können jemandem auch nicht schneller vertrauen (→ 19) – das braucht Zeit, Ihre Eigenzeit nämlich. Und viele gute Momente innerhalb dieser Eigenzeit. Sie können nicht schneller lachen, leben, lieben. Wenn Sie jemanden lieben, können Sie nicht Ihren Terminkalender zücken und nach einem passenden Slot suchen und auch nicht sagen: »So. Ich liebe dich bis Mittwoch, okay für dich?«

Liebe und Lieben kennen keine *Deadlines* (→ 17), so wenig wie das Gute. Wenn Sie in diesem Moment eine liebevolle Geste senden oder empfangen, dehnt sich Ihre Eigenzeit. Der Moment macht Raum fürs Unendliche. Es ist die Keimzelle allen Glücks, allen Sinns. Das Erlebnis des Augenblicks *bleibt*, auch wenn Sie selbst und Ihr Leben im Takt der Uhren weitergehen. Das Lächeln, die Umarmung verschwinden nicht, nur weil sie nicht mehr »aktuell« sind, sondern sich vor Wochen, Monaten, Jahren ereignet haben. Sie hinterlassen einen Abdruck auf der Seele. Und sie werden Teil der lebendigen Erinnerung, die man mit anderen teilt oder geteilt hat. Ich zum Beispiel kann die Umarmungen meiner Großmütter immer noch (nach-)spüren. Ich habe ihr Lachen und ihre Worte im Ohr, als wäre es gestern gewesen, obwohl beide seit Jahrzehnten tot sind. In meinem subjektiven Zeitempfinden sind sie immer noch *real.* Als eine Form der unendlichen Gegenwart, die im Hintergrund wirkt und wächst, die meinen heutigen Alltag bereichert, mich stärkt und begleitet. Meine Großmütter *waren* real, und sie *sind* und bleiben Teil meiner Realität. Sie bestärken mich in der realistischen Haltung, fürs Füreinander zu leben – einer Lebensfülle als Summe unzähliger »guter« Begegnungen.

Vor zwei Wochen ist eine neue Kollegin zu Ihnen gestoßen. Die Dame scheint Probleme mit der Einarbeitung zu haben, zudem findet sie schwer Anschluss an die anderen in Ihrer Abteilung. Sie bezweifeln, dass Sie ihr helfen können.

Es würde sowieso nichts bringen, da Sie selbst bald Ihren Job wechseln.

Wie kommen Sie bloß darauf, dass Ihre Hilfe nichts bringen würde? Steckt da vielleicht eine kleine Pessimistin in Ihnen, die Sie am Gegenwärtigsein hindert? Sie nehmen ja etwas vorweg, was noch gar nicht eingetreten ist. Seien Sie realistisch. Wenn Ihr letzter guter Moment schon sehr lange zurückliegt, machen Sie sich klar: Glück und Sinn entstehen nicht erst aus der Gegenwärtigkeit, mit der Sie jetzt ein Gespräch führen, jemandem ein Softwareprogramm erklären oder eine Blume vorbeibringen. Sie resultieren mindestens ebenso aus den Momenten, in denen Sie früher gegenwärtig waren. Weil ich als Kind ehrfürchtig beobachtet habe, wie sorgfältig meine Großmutter väterlicherseits den Staubwedel schwang, bevor sie mir meinen 16-Uhr-Kakao servierte, dauert diese Zeit heute noch an. Vielleicht können Sie auch auf solche guten Oma-Enkelin-Momente zurückblicken. Oder auf gute Freundinnen-Momente aus Ihrer Kindheit. Halten Sie für einige Minuten Einkehr. Machen Sie sich bewusst, dass Sie viele – oder zumindest doch einige – gute Momente im Laufe Ihrer Lebenszeit angehäuft haben. Lassen Sie die Erinnerung daran wieder aufleben. Sie bringt Sie in Ihre Eigenzeit zurück, in die Gegenwärtigkeit. Außerdem, was haben Sie zu verlieren, wenn Sie jetzt auf Ihre Kollegin zugehen? Einzig das Gefühl, es würde nichts bringen.

Sie haben Ihrem besten Freund zugesagt, ihn bei der Bewältigung seines Liebeskummers zu unterstützen. Nun ist für denselben Abend, an dem Sie ihm in einer Bar Tequila schlürfend den Rücken kraulen wollen, eine Einladung für ein wichtiges Event eingetrudelt, das Sie auf keinen Fall verpassen wollen.

Sie wollen zwei völlig unterschiedliche Dinge. Beide sind Ihnen »wichtig«. Was ist es, das Sie wollen *wollen* (→ 2)? Das ist auch eine Frage nach der Art und Weise, wie Sie Sinn und Glück definieren. Woran erinnern Sie sich, wenn Sie zurückblicken? Je mehr von Ihrer Lebenszeit schon verronnen ist, desto deutlicher wird Ihnen der Wert der Eigenzeit – desto klarer sehen Sie, dass Ihre Lebenszeit mit der anderer vernetzt ist. Jeder gute Moment, den Sie mit Ihrem besten Freund verbracht haben, ist gegenwärtig geteilte Zeit. Und gegenwärtig geteilte Zeit ist immer doppelte Zeit. Zeit ist jetzt, Zeit ist Leben. *Leben ist Füreinander-Zeit.* Aus dem menschlichen »Sinn für Zeit« (Aristoteles) erwächst der Sinn des Lebens wie der Sinn des Todes (→ 16, 17). Ihre Entscheidung, wo und mit wem Sie den Abend verbringen, hängt davon ab, wie ernst Sie das nehmen, was *ist.*

Sie sind ein unverbesserlicher Optimist und haben noch viel vor: die ganz große Karriere. Seit einiger Zeit jedoch stellen Sie Ihren Weg infrage. Sie fühlen sich gestresst und erschöpft – obwohl Sie zutiefst überzeugt sind, dass Sie alles schaffen werden, was Sie sich vorgenommen haben.

Solange Sie keine Karriere als Egoist, Hochstaplerin (→ 9) oder gar Mörderin anstreben, kann Ihr Berufsweg auf jeden Fall Teil eines guten, schönen, sinnvollen Lebens werden. Vorausgesetzt, Sie schauen nicht ständig auf die Uhr. Wenn Sie Ihr Leben auch an Ihrer inneren Uhr, der Eigenzeit, ausrichten, werden Sie frei für unzählige gute Momente, die aus der chronologischen Zeit ausbrechen. Das heißt nicht, dass Sie nicht zugleich auch ambitioniert handeln können. Sie fühlen sich nur viel weniger gestresst – und viel mehr in der Welt zu Hause. Sie wünschen sich einen Coach, der Sie dabei begleitet? Ich rate zu mehr Endlichkeitsbewusstsein. Die schwärzeste Dunkelheit ist nicht das Gegenteil des hellsten Lichts. Der Tod ist nicht das Gegenteil von Leben, sondern der beste Life Coach überhaupt. Er zeigt Ihnen immer neue Wege zum langsamen Glück – weil er Sie immer wieder motiviert, wach zu bleiben, fürs Füreinander gegenwärtig zu sein. Was am Ende von all Ihrem »Erfolg« bleiben wird, sind die wirklich *guten* Momente. Ist das nicht das Beste überhaupt?

19

DIE FLÜGEL:

Warum sich Vertrauen lohnt

Sie sind neu hier, kennen sich nicht aus in der Stadt. Den Mann, in dessen Wagen Sie jetzt einsteigen, haben Sie nie zuvor gesehen. Doch wie selbstverständlich überreichen Sie ihm Ihre Reisetasche und die Adresse Ihrer Bekannten, bei der Sie wohnen werden. Sie zweifeln nicht im Geringsten, dass der Taxifahrer Sie wohlbehalten und ohne Umwege ans Ziel bringen wird. In dem Moment, in dem Sie den Gurt anlegen, halten Sie es für ausgeschlossen, dass der Mann Sie bedrohen oder entführen könnte. Sie vertrauen ihm einfach, so wie Sie vielen Menschen vertrauen. Ihrer Partnerin, Ihrem Babysitter, Ihrer Ärztin, Ihrem Anwalt.

Jeder Tag in Ihrem Leben ist ein Tag in einer fremden Stadt. Jeder Mensch, mit dem Sie zu tun haben, ist anders und »fremd« – egal, wie gut Sie ihn zu kennen glauben. Denn niemand ist ja mit Ihnen identisch, niemand denkt und fühlt exakt so wie Sie. Deshalb ist *Vertrauen* so wichtig. Ihr Vertrauen weiß auch nicht mehr als Sie – doch es ermöglicht Ihnen, so zu handeln, als gäbe es weder Fremdheit noch Unsicherheit. Ohne ein Minimum an Vertrauen würde niemand in ein Taxi steigen. Kein Mensch käme auf die Idee, zu heiraten oder Geschäfte zu machen. Allen ist klar: Gesetze, Regeln und Verfahren sind nicht alles. Rationalität ist nicht alles. Auch rationale Systeme können undurchschaubar, unkontrollierbar sein: Sozialsysteme, Bankensysteme, Gesundheitssysteme, KI-Systeme. Kein System der Welt kann zwischenmenschliches Vertrauen ersetzen. Ohne vertrauensvolle, vertrauenswürdige Menschen gäbe es nichts Gutes. Die Gesellschaft gliche einem Maschinenraum. Oder einer Westernstadt. Lauter Fassaden und nichts dahinter.

Vertrauen reduziert Komplexität – so der Soziologe Niklas Luhmann. Es versetzt Sie in die Lage, »Was wäre wenn«-Gedanken auszuklammern und *hier und jetzt zu handeln*. Wenn Sie auf den guten Willen, die Loyalität oder Wahrhaftigkeit anderer vertrauen, geben Sie eine große Last ab. Allerdings gehen Sie dabei immer auch ein Wagnis ein. Sie treten bewusst oder unbewusst in eine riskante Vorleistung, die andere für ihre Zwecke ausnützen können. Hochstapler, Betrügerinnen und andere toxische Persönlichkeiten (→ 8) beherrschen den Vertrauensmissbrauch meisterlich. Sie florieren in einem zunehmend automatisierten digitalen Kapitalismus, der Vertrauen als Effizienzbeschleuniger schätzt: In der Finanzbranche etwa wird die Besonderheit zwischenmenschlicher Vertrauensbeweise in technische Strukturen »übersetzt«, um Transaktionen zu beschleunigen. Hier wird Vertrauen als kühle Abstraktion gehandelt, eine messbare Größe, die Geldflüsse im großen Stil ermöglicht.

Vertrauen »bringt« viel – Komplexitätsreduktion, Effizienzgewinn, Kostenersparnis und so weiter. Dennoch greift die – unter anderem von dem Soziologen Andreas Tutić (* 1982) beschriebene – *Rational choice*-Theorie zu kurz, nach der zwei Parteien einander nur dann vertrauen, wenn beide damit rechnen können, dass es im *Interesse* der jeweils anderen liegt, vertrauenswürdig zu handeln. Auf die tatsächlichen, *wahren* Motive kommt es nicht an. Moral spielt keine Rolle. Vielmehr stellt man eine Art Wahrscheinlichkeitsrechnung zur Vertrauenswürdigkeit des anderen an. »Rechnen« in diesem Sinne ist immer irgendwie *berechnend*; es steht immer irgendwie in einem marktwirtschaftlichen Zusammenhang. Aus einer umfassenderen, ethischen Perspektive wird der Rational-choice-Ansatz dem Wesen vertrauensvoller Beziehungen nicht gerecht, da man nach diesem Modell immer einen (logischen) Grund findet, weshalb man nie »richtig« vertrauen sollte. Sondern immer lieber mit angezogener Handbremse, mit eingeschaltetem Hirn – und ausgeschaltetem Herzen. Aber was bleibt dann noch vom Vertrauen?

Vertrauen ist viel mehr als nur ökonomisch vorteilhaft. Echtes Vertrauen repräsentiert einen ethischen Wert, der mit allem Gold, allen Diamanten, allen Kryptowährungen der Welt nicht aufgewogen werden kann. Jeder einzelne Vertrauensakt reduziert nicht nur Komplexität, sondern schafft auch Raum für mehr Menschlichkeit. Echtes Vertrauen lässt sich weder berechnen noch regulieren. Es ist keine Strategie, keine Methode und auch keine Pflicht. *Echtes Vertrauen ist eine Tugend, die jedem Menschen, der es schenkt oder empfängt, Flügel verleiht.* Ihr Vertrauen darauf, dass andere »gut« zu Ihnen sind und Sie selbst die Fähigkeit haben, ihnen Gutes zu tun, nimmt Ihnen viel von Ihrer Schwerkraft, *kann Sie buchstäblich abheben lassen.* Mit dem Risiko des Totalabsturzes. Nie können Sie sicher sein, ob Ihre gut gemeinten Taten auch wirklich gut ankommen; und nie wissen Sie, ob Sie Gutes von anderen nicht vergeblich erhofft oder erwartet haben. Es ist möglich, dass Ihre Freundlichkeit, Ihre Wärme und Ihr guter Stil denen zugutekommen, die das Böse wollen. Es könnte sein, dass die Flügel des Vertrauens Sie in die falsche Richtung tragen.

- Kann ich dir vertrauen?
- Was, wenn du mich verletzt?
- Wie sehr kann und will ich mich verwundbar machen?
- Gesundes Misstrauen ist nie verkehrt! Oder?

Als Tugend »zwischen Wissen und Nichtwissen« (so Georg Simmel, 1858–1918), die sich letztlich nie rational begründen lässt, gleicht Vertrauen der Liebe. Beides verleiht Ihnen Flügel – beides ist ein Risikounterfangen, in dem Sie verletzt werden könnten. Solange es nicht überhandnimmt, hat Misstrauen durchaus seine Berechtigung. Wenn Sie zum Beispiel in einer Ehe leben, wo zwar viel von Vertrauen geredet, diese Tugend aber nicht oder nur unzureichend praktiziert wird (weder von Ihrem Partner noch von Ihnen selbst), müssen Sie misstrauisch werden. Das Gleiche gilt für Ihren Job. Chefinnen, Kollegen, Betriebsräte, die um Vertrauen werben in einem System, das alles Vertrauen verspielt hat, wollen nur das System bewahren. Die Bedeutung von Vertrauen als unsichtbarer Klebstoff von Gemeinschaft und Gesellschaft zeigt sich am deutlichsten, wenn es verloren geht – doch diese Einsicht kann Ihnen nicht genügen, wenn Sie vorhaben, ein guter und glücklicher Mensch zu sein. Dann sollten Sie aktiv dazu beitragen, neues Vertrauen zu schaffen.

Doch wären Sie damit nicht in der Minderheit? Wäre das nicht ein David-gegen-Goliath-Kampf? Obwohl die meisten immer noch wie selbstverständlich zum Arzt gehen, heiraten oder ins Taxi steigen: Das Misstrauen in der hoch spezialisierten modernen Gesellschaft nimmt zu. Wer durchschaut schon die global verflochtenen technologischen, ökonomischen und politischen Systeme unserer Zeit? Wie kann man Menschen vertrauen, wenn man dem System misstraut? Misstrauen hat die Tendenz, sich selbst zu bestätigen. Beziehungen zwischen Staaten, die einander misstrauen, enden oft in Konflikten, gar Kriegen. Vertrauen dagegen orientiert sich am Ideal des Guten, Schönen und Wahren (→ 13). Und es existiert nur da, wo Freiheit herrscht. Nicht umsonst ist Vertrauen einer der höchsten Werte freiheitlicher demokratischer Politik. Doch alle Demokratie beginnt im Vorpolitischen, Privaten, Alltäglichen – sie fällt in Ihren, meinen, unser aller Zuständigkeitsbereich. Wenn Sie sich selbst und andere *ethisch beflügeln* wollen, sollten Sie Ihre Einstellungen und Gewohnheiten prüfen und regelmäßig neue Wege einschlagen. Ihre Fähigkeit, vertrauensvoll abzuheben, mag Sie auch einmal in gefährlichere Regionen tragen – doch was wäre die Alternative? Ein Leben, das dem Gesetz der rationalen Borniertheit folgt.

Auch wenn es naiv und »idealistisch« wirken kann und riskant erscheint, kann der Moment, da Ihnen ein fremder Mensch gegenübersteht und Sie die Flügel des Vertrauens vor ihm ausbreiten, ein *Beispiel*, eine Chance für ihn sein, sein Misstrauen abzulegen. Was Hannah Arendt in *Über das Böse* über »unsere Entscheidungen über Recht und Unrecht« schrieb, gilt auch für jede einzelne unserer Entscheidungen zu Vertrauen und Misstrauen: dass sie nämlich »von der Wahl derjenigen, mit denen wir unser Leben zu verbringen wünschen, abhängen werden«. Keine Theorie der Welt, so die Philosophin, kann das Beispiel jedes einzelnen Menschen, der sich Bequemlichkeit und Dogmatismus verweigert und um der Freiheit, des Guten und des Glücks aller willen Hirn und Herz einschaltet, ersetzen.

Sie, ich, wir alle können jeden Tag entscheiden, welches Beispiel wir mit unserem Tun und Nichttun abgeben – und in welcher Gemeinschaft und Gesellschaft wir leben wollen. Wahrscheinlich möchten Sie Ihr Leben mit Menschen verbringen, denen Sie vertrauen können. Sie fänden es viel unkomplizierter und freudvoller, nur noch von ehrlichen Leuten mit Herzensbildung und Mut zur Menschlichkeit umgeben zu sein. Sicher ist Ihnen aber auch klar, dass das eine ziemlich unrealistische Vorstellung ist. Sie müssen an dieser Idee nicht kleben bleiben. Sie können selbst das Steuer übernehmen, bei sich selbst anfangen – und vertrauensvoll in den neuen Tag starten.

Vom Weitergehen

Sie leben eine Zeit lang so dahin – und plötzlich stehen Sie vor einer Weggabelung. Auf dem einen Pfad steht »Entweder«, auf dem anderen »Oder«. Was nun? Entweder Sie leben jetzt, mit allen Mehrdeutigkeiten, Unwägbarkeiten und Risiken, die das beinhaltet – oder Sie ziehen sich die Decke über den Kopf. Misstrauen heißt Liegenbleiben und nicht Leben, Vertrauen Aufbruch und Lebendigkeit. Vertrauen ist nicht passiv wie Glaube, Hoffnung und Zuversicht. Es ist eine Tugend, die enttäuschte Erwartungen nicht ausblendet, sondern eine *aktive*, wache Trotzhaltung ihnen gegenüber kultiviert. Wenn Sie nach vielen Enttäuschungen beschließen, neues Vertrauen in einen Menschen oder das Leben überhaupt zu fassen, sagen Sie *Ja zu mehr Leichtigkeit.* Es ist ein mutiges Ja, das vergangene Erfahrungen mitreflektiert – und der Einsicht folgt, dass Sie in der Lage sind, sich, Ihre

Einstellungen und Gewohnheiten zu ändern. Auch der misstrauischste Mensch kann lernen, (wieder) abzuheben. Weiterzugehen auf seinem Weg durch die fremde Stadt.

1.
Ich gehe die Straße entlang.
Da ist ein tiefes Loch im Gehsteig.
Ich falle hinein.
Ich bin verloren … Ich bin ohne Hoffnung.
Es ist nicht meine Schuld.
Es dauert endlos, wieder herauszukommen.

2.
Ich gehe dieselbe Straße entlang.
Da ist ein tiefes Loch im Gehsteig.
Ich tue so, als sähe ich es nicht.
Ich falle wieder hinein.
Ich kann nicht glauben, schon wieder am gleichen Ort zu sein.
Aber es ist nicht meine Schuld.
Immer noch dauert es sehr lange, herauszukommen.

3.
Ich gehe dieselbe Straße entlang.
Da ist ein tiefes Loch im Gehsteig.
Ich sehe es.
Ich falle immer noch hinein … aus Gewohnheit.
Meine Augen sind offen.
Ich weiß, wo ich bin.
Es ist meine eigene Schuld.
Ich komme sofort heraus.

4.
Ich gehe dieselbe Straße entlang.
Da ist ein tiefes Loch im Gehsteig.
Ich gehe darum herum.

5.
Ich gehe eine andere Straße.

Diese »Autobiografie in fünf Kapiteln«, die in Sogyal Rinpoches *Das tibetische Buch vom Leben und vom Sterben* enthalten ist, handelt von einer inneren Wandlung, an deren Ende wiedergewonnenes Vertrauen steht. Das »Ich«, das hier (qua Schwerkraft) wieder und wieder in dasselbe Loch fällt, ist ein Skeptiker, der allem misstraut, was nicht in sein rationalistisches System passt. »Ich« muss notwendigerweise wiederholt ins selbe Loch fallen. Denn »Ich« sieht keine Möglichkeit, auszuweichen. Es hat einfach kein Vertrauen in die Existenz anderer Routen. Im ersten und zweiten Kapitel seiner Autobiografie hat »Ich« große Mühe, sich selbst aus seiner Not zu befreien. Es kommt ihm nicht in den Sinn, dass seine wiederholten Stürze mit mangelndem Vertrauen in sich selbst, die menschliche Gemeinschaft und die Welt insgesamt zu tun haben könnten. Im dritten Kapitel dämmert ihm etwas, im vierten Kapitel beginnen ihm Flügel zu wachsen: »Ich« legt die alte Gewohnheit ab.

Das fünfte Kapitel wäre nicht möglich ohne Vertrauen darauf, dass es erstens »eine andere Straße« überhaupt gibt – und dass zweitens ein anderer Weg leichter gangbar sein wird. Gutes geschieht nicht in tiefen Löchern, in denen weder Platz noch Licht zum Leben ist. Aber Sie erleben es jeden Tag, wenn Sie auf einer anderen Straße weitergehen, die wegführt vom Gewohnten; von der Sie nie wissen, wohin sie führt; wo fremde Passanten in unterschiedliche Richtungen laufen und *trotz allem* darauf vertrauen, dass im entscheidenden Moment jemand da sein wird. Irgendwer, der weiterhilft. Oder die Wahrheit sagt. Oder lächelt. Und signalisiert: Hier bin ich – ich bin ein Mensch. *Weil du einer bist.*

Alle Frauen, mit denen Sie in den letzten Jahren liiert waren, haben Sie hintergangen, betrogen, ausgenützt. Also sehen Sie nicht ein, weshalb Sie der Spezies Frau noch groß vertrauen sollen.

Sie sollten nicht von Einzelfällen auf die Gesamtheit schließen – oder von der Vergangenheit auf die Zukunft. Dass Sie oft enttäuscht wurden, heißt nicht, dass Ihre nächste Beziehung nicht überaus erfreulich sein wird. Sie müssen nur Ihr Misstrauen loswerden, das Sie immer wieder in dasselbe Loch befördert – Ihre *skeptische Sicht* der Dinge. »Skepsis« stammt vom griechischen Wort für »prüfendes Betrachten« ab. Die philosophischen Skeptiker der Antike hielten Meinungen und Glaubenssätze für bloßen Schein; sie warnten davor, zu interpretieren und zu bewerten, was sowieso nicht Realität ist. Versuchen Sie von der philosophischen Skepsis zu lernen – also nicht »den Frauen« zu misstrauen, sondern *Ihrer Meinung von Frauen.* Und lassen Sie alles andere auf sich beruhen. Das Leben ist, wie es ist, die Menschen sind, wie sie sind. Wenn Sie sich einsam fühlen, abgeschnitten vom (Liebes-)Glück und vom Guten, versuchen Sie diese Empfindung bewusst wahrzunehmen. Rennen Sie nicht gleich wieder zurück auf den Weg mit dem tiefen Loch – bleiben Sie zu Hause und halten Sie Einkehr. Fragen Sie sich: »Welches Beispiel habe ich jeder einzelnen

Partnerin gegeben? Wofür kann ich jeder dieser Frauen dankbar sein?« Je ehrlicher Ihre Antworten, desto leichter werden Sie zu Ihrer Verantwortung dem Leben gegenüber zurückfinden, desto weniger einsam werden Sie sich fühlen. Ihr Vertrauen in Ihre Fähigkeit, abzuheben, wird zurückkehren – was nicht heißt, dass Sie nicht auch beim nächsten Mal enttäuscht werden. Ziehen Sie dann bloß nicht die Decke über den Kopf. Gehen Sie vertrauensvoll weiter.

Ihre Freundin ist schwer krank. Weder hofft noch vertraut sie auf Heilung. Wie können Sie ihr helfen?

Vielleicht können Sie ihr nicht helfen, wieder gesund zu werden. Aber Sie können ihr helfen, anderswo »Gründe« fürs Vertrauen zu finden. Fragen Sie Ihre Freundin, was das Schlimmste wäre, das passieren kann. Wenn sie sagt: »Dass ich starke Schmerzen habe« oder »Dass ich sterbe«, fragen Sie weiter: »Wäre es nicht fast noch schlimmer, keine Freunde zu haben – Menschen, die dich anrufen, besuchen und deine Hand halten?« Halten Sie Ihrer Freundin den Wert wahrer Freundschaft vor Augen, indem Sie einfach für sie da sind. Und lesen Sie ihr die »Autobiografie in fünf Kapiteln« vor. So können Sie ihr vielleicht helfen, zu erkennen, dass man trotz schwerer Krankheit vertrauen kann. Wenn nicht auf Heilung, so doch auf die unendlichen Möglichkeiten, die in jedem *guten* Moment (→ 18) liegen.

Sie würden ja gern ein guter Mensch sein. Nur leider verträgt sich diese Absicht nicht mit Ihrem generellen Misstrauen bezüglich Ihrer menschlichen Qualitäten. Sie finden sich weder besonders glaubwürdig noch besonders empathisch.

Ihre Selbsteinschätzung zeugt von großer Wahrhaftigkeit – eine wunderbare Voraussetzung, um sich selbst noch ganz andere ethische Kompetenzen zuzutrauen. Versuchen Sie, sich und Ihr Leben mit mehr Neugier zu betrachten. Stellen Sie sich vor, jeder Tag in Ihrem Leben wäre der erste. Was wäre, wenn Sie morgen aufwachten, und *alles* wäre neu? Vermutlich würden Sie erst mal gründlich die nähere Umgebung erkunden – mit dem Ziel, sich aus dem Zustand des totalen Nichtwissens zu befreien. Vor lauter Begeisterung über die Widersprüche und Ungereimtheiten dieser Welt würden Sie gar nicht erst auf die Idee kommen, ihr zu misstrauen. Sie würden auch sich selbst nicht misstrauen, da Sie sich ja gerade erst kennenlernten. Sie würden die Möglichkeit in Betracht ziehen, dass Ihnen Flügel wachsen könnten. Weil Sie selbst und die Welt nicht einfach existieren. Weil Sie hier sind, um die Welt zum Guten zu verändern. Nach Maßgabe Ihrer Wahrhaftigkeit – und Ihres wachsenden Vertrauens.

20

DIE BANALITÄT DES GUTEN:

Einkehr

Wie oft sind Sie »außer sich« – *aus dem Häuschen* vor Wut, Angst, Entsetzen. Und wie oft sind Sie »bei sich«? Bei-sich-Sein setzt Selbstbesinnung voraus: schlichte Einkehr. Es geht darum, den eigenen Gedanken und Gefühlen ein paar Minuten lang echte, ehrliche Aufmerksamkeit zu schenken. Das ist alles. Sie brauchen keine akademische Ausbildung und auch keinen teuren technischen Support – Sie brauchen nur sich selbst, den einzigen Menschen, mit dem Sie seit Stunde null zusammenleben. Es genügt, dieser unvollkommenen, verletzlichen, widersprüchlichen, aber lernfähigen Person – die man im Wirrwarr des Alltags so schnell vergisst – ein klein wenig Zeit zu schenken.

Einkehr sollte das Banalste, Selbstverständlichste überhaupt sein. Ist es aber nicht. Noch nicht. Man denkt: Da das Leben so kompliziert ist, muss auch Einkehr kompliziert sein. Dabei könnte Bei-sich-Sein und -Bleiben ganz einfach sein. Zumindest in Momenten der Stille. Die Welt kann sehr laut sein, und Ihre Gedanken ebenso (→ 2). Daneben aber gibt es immer ein paar Sekunden, in denen kein Auto vorbeirast, keine Waschmaschine in den Schleudergang schaltet, kein Schlager aus dem Lautsprecher schallt. Jeder stille Augenblick, der entsteht, wenn eine Podcastfolge geendet hat oder ein Telefonat ausfällt, ist überaus wertvoll. Er lädt Sie dazu ein, sich zwischendurch auf sich selbst zu besinnen. Innezuhalten. Sich aus der Stille heraus zu regenerieren, zu *rekonfigurieren*.

Während Sie bei sich einkehren, könnten Sie die U-Bahn, ein Meeting, das nächste Nachrichten-Update und einiges andere mehr verpassen. Informiertheit und Pünktlichkeit sind kurz- und mittelfristig betrachtet natürlich sehr wichtig. Vom Lebensganzen aus gesehen scheint beides zwar immer noch wichtig, aber nicht mehr alles entscheidend. Im Leben ist nicht nur (fast) alles möglich, dieses Leben ist auch endlich. Sollte das nicht zu denken geben? Es kostet nichts, ab und zu einen Schritt zurückzutreten. *Jetzt* ist der Moment, in dem Sie zu Ihrem wichtigen Termin eilen. *Jetzt* könnte auch der Moment sein, in dem Sie innehalten – und die Bedeutung Ihres Termins in einem neuen Licht sehen …

- Wo stehe ich?
- Wohin gehe ich?
- Wer bin »Ich«?
- Wessen Leben lebe ich?
- Wofür existiere ich?
- Was kann *ich jetzt* Gutes tun?

Sie werden nie die richtigen Antworten auf Ihre Fragen kriegen, wenn Sie nicht die richtigen Fragen stellen. Die besten Fragen und Antworten stecken in Ihnen selbst. Jeder Moment der Stille hilft Ihnen, sie wieder aus sich hervorzukramen – um dann in der Außenwelt ganz anders durchzustarten. Frei von Gedanken und Gefühlen, die nicht Ihre sind. Frei zum Gutsein. Zum langsamen Glück.

Einkehr ist Umkehr. Die Worte »Transformation«, »Disruption« und »Revolution« stehen meist in Zusammenhang mit technologischen, ökonomischen oder historischen Wandlungen. Diese Begriffe eignen sich aber auch bestens für die innere, geistig-seelische Dimension der Veränderung. Der tiefere Sinn der Einkehr ist Umkehr; das, was die griechischen Philosophen *metanoia* (*meta* für nach, jenseits; *noein* für denken) nannten. Die Griechen stellten sich *metanoia* auch als geheimnisvolle Göttin im Bund mit *Kairos* vor, dem Gott des günstigen Augenblicks. *metanoia* repräsentiert einen »disruptiven« Perspektivenwechsel, eine grundlegende Neuorientierung des Denkens und Handelns, der sich *jetzt* vollzieht. Umkehr passiert selten einfach so, sondern hat meist einen konkreten Anlass: chronischen Alltagsstress; irgendeine äußere/innere Krise. Man kehrt um von der Außenwelt und entfacht die »Revolution« des Nachdenkens und Nachspürens. Am Ende stehen viele wichtige Fragen und Antworten, darunter die Einsicht, dass es so nicht weitergehen kann. Nicht mit der Welt. Mit einem selbst. Heute sitzen Sie zu Hause, sind ganz bei sich – und es fällt Ihnen wie Schuppen von den Augen: Sie *müssen nicht*, Sie *können* sich selbst verwandeln. Morgen sind Sie unterwegs zu einem heiklen Termin – und werden plötzlich ganz ruhig. Sie regen sich nicht auf. Sie vergegenwärtigen sich den Sinn des Lebens und des Todes (→ 16, 17). Sie ändern Ihre Gewohnheiten um ein paar kleine, aber entscheidende Aspekte. Und »transformieren« Ihren Alltag so, dass immer genug Raum bleibt für die Banalität des Guten. Wie schwierig dieser Alltag auch sein mag.

Einkehr ist Zuhause. Egal, wo und wie man lebt, jeder Mensch braucht ein Zuhause. Vielleicht wohnen Sie direkt neben einer Baustelle, umgeben von nervtötenden Bohr- und Presslufthammergeräuschen. Gestern waren Sie kurz davor, den Verstand zu verlieren. Heute besinnen Sie sich. Sie hören auf, wie ein hypnotisiertes Kaninchen auf den riesigen Kran im Hinterhof zu starren. Sie gehen eine andere Straße (→ 19) – kommen zu sich, akzeptieren Ihre Wut, Ihre Hilflosigkeit – das, was nicht in Ihrer Macht liegt. Sie konzentrieren sich auf Ihr Inneres und machen eine erstaunliche Entdeckung: Die Baustelle scheint weit weggerückt. Ihre Wohnung hat sich in einen stillen, behaglichen Ort verwandelt. Es ist der gleiche Ort wie »früher«. Nur dass er jetzt nicht mehr ohrenbetäubend laut ist, sondern freundlich, warm und stilvoll. Ihre Wohnung – Ihr Apartment? Nicht ganz. Ihr wahres Zuhause, das sind Sie selbst, an jedem Ort der Welt. Wenn Sie in sich selbst zu Hause sind, sind Sie überall daheim – darin liegt der Sinn auch aller stoischen Übungen (→ 11). Die Stoiker widmeten ihr ganzes Leben dem Ausbau ihrer Traumwohnung, dieser einzig sicheren Residenz in einer unsicheren Welt. Einkehr diente ihnen dazu, die Bedeutung des eigenen kleinen »Ichs« hinsichtlich des Rests der Menschheit zu relativieren; sich auf die Gegenwart zu konzentrieren und alles Unabänderliche loszulassen; das wechselvolle Chaos der Welt als mit guten Taten zu formendes Rohmaterial zu betrachten. Ein sicheres Zuhause existiert überall, wo Menschen sind, ob neben oder fernab lärmender Baustellen. Dieses Heim, in dem Sie *Sie selbst sind* und aus dem Sie gestärkter, *menschlicher* hervorgehen, existiert auch in Ihrem Organismus.

Einkehr ist der Anfang von allem. Was Sie denken, fühlen und tun, wird von der Umwelt beeinflusst. Aber Sie entscheiden, welche Einflüsse (→ 7) Sie gelten lassen wollen.

Sie müssen ja mit sich zusammenleben, noch über Jahre oder Jahrzehnte. Also lohnt es sich, immer wieder einzukehren, um sich die richtigen Fragen zu stellen. »Was kann *ich jetzt* Gutes tun?« ist die beste Frage von allen. Sobald Sie eine Antwort finden und entsprechend handeln, handeln Sie nicht nach Plan. Sie beginnen ganz neu. Rufen spontan eine Freundin an. Bedanken sich bei Ihrer Chefin. Verzeihen Ihren Kollegen. Entschuldigen sich bei Ihren Geschwistern. Schenken Fremden Ihr Lächeln und pfeifen auf Selbsttäuschung und Selbstgerechtigkeit. Wenn Sie regelmäßig bei sich einkehren, geben Sie auch anderen ein ethisches Beispiel, das zeigt, dass es anders geht. Dass man nicht gestresst, nicht traurig, nicht wütend, nicht klagsam sein muss, sondern bei sich selbst anfangen kann. Trotz aller Hindernisse und Schwierigkeiten: Es ist ein Privileg, hier und jetzt zu leben – und es ist eine Tatsache. *Was in Ihrem Leben ist und was sein sollte,* darüber entscheidet *Ihre* Haltung (→ 14) und *Ihr* »Sinn für Zeit« (Aristoteles) (→ 18). Die kurze Spanne zwischen Geburt und Tod stellt Ihnen einen gigantischen ethischen Spielraum zur Verfügung, den Sie in aller Ruhe füllen können. Auch wenn Sie eher skeptisch eingestellt sind, sollten Sie nie aufhören, auf die Wucht der Einkehr zu vertrauen. Für die Stoiker war Selbstbesinnung auch eine Methode, um sich ihres Gefühls des Einsseins mit dem Kosmos zu vergewissern. Kann sein, dass Ihnen diese Vorstellung lächerlich erscheint – *noch* lächerlich erscheint. Im Leben ist (fast) alles möglich. Schon im nächsten Moment der Besinnung – in der Küche, im Zug, auf der Post, an der roten Ampel – könnte der Transformationsprozess starten. Und Sie könnten freiwillig, ohne jeden Sarkasmus in den Appell einstimmen, den Marc Aurel einst an seine Person richtete: »Betrachte nur die Dinge von einer andern Seite, als du sie bisher ansahst. Denn das heißt eben: ein neues Leben beginnen.«

GLOSSAR

Schnelles Glück
folgt auf ein äußeres Ereignis, das Sie »positiv« bewerten – eine Beförderung, eine neue Liebe, ein Shoppingerlebnis oder eine Komödie. Es wirkt ähnlich euphorisierend wie eine Droge (und hat ein ähnliches Suchtrisiko). Schnelles Glück ist eine Gute-Laune-Stimmung, die schnell kommt, aber auch schnell wieder geht. Da es nur auf äußere Ursachen reagiert, ist schnelles Glück entsetzlich störanfällig. Zufall oder Fügung entscheiden über seinen Verlauf. Wasserrohrbrüche, finanzielle Einbußen, Konflikte aller Art setzen dieser Glücksart ein jähes Ende. Im Unterschied zum *langsamen Glück* besitzt schnelles Glück keinerlei ethischen Wert. Es steht in keiner Beziehung zu Ihrem geistigen und seelischen Innenleben, sondern setzt Sie mit der Vorstellung unter Druck, Ihr Leben müsste aus einer ununterbrochenen Kette aus Höhepunkten bestehen.

Langsames Glück
ist unspektakulär. Es entwickelt sich ruhig und allmählich im Laufe der Zeit – sofern *Sie* Ihren Teil dazu beitragen. Diese Glücksart können Sie nicht beim Universum bestellen. Sie »kriegen« sie auch nicht, wenn Sie Ihr Leben möglichst

effizient und effektiv planen. Langsames Glück kommt weder zufällig noch verdientermaßen. Schnelles Glück will man *haben*, langsam glücklich *wird* man.

Langsames Glück hat keine Eile und keinen Stress. Diese Glücksart ist wie ein unendliches Jetzt. Im Unterschied zu schnellem Glück beruht langsames Glück auf einer ethischen Tiefe, die Sie in jedem Moment selbst produzieren: indem Sie Haltung *(ethos)* zeigen; jedes Mal, wenn Sie die *Banalität des Guten* walten lassen. Je öfter Sie Gutes tun, desto mehr stärken Sie Ihren inneren Kompass, desto mehr schwillt das langsame Glück in Ihnen an. Bis es das Ganze Ihres Lebens umfasst und Sie erkennen: Es war und ist – trotz aller Widrigkeiten – ein gelungenes, sinnvolles, schönes, (ethisch) gutes Leben. Die Erkenntnis über die tiefe Verbindung zwischen Ethik, Sinn und langsamem Glück stammt aus uralten philosophischen und spirituellen Lehren, vom Hinduismus über Buddhismus, Kynismus und Stoizismus zur Kabbala. Aristoteles und die griechischen Philosophen der Antike nannten langsames Glück *eudaimonia* – für sie das einzig wirklich *gute* Glück, weil es sich durch täglich praktizierte Menschlichkeit ununterbrochen vermehrt und aus einer subjektiven Empfindung einen objektiv vorhandenen Wert in der Welt macht, der bleibt. Auch lange nach Ihrem Tod …

Die Banalität des Guten

fängt bei Ihnen selbst an. Sie besteht in der Synthese aus Freundlichkeit, Wärme, Stil und Einkehr – im simplen, alltäglichen Tun dessen, was gut für alle ist (Sie selbst eingeschlossen). Das banale (von frz. *banal* für »unspektakulär«, »alltäglich«) Gute entfaltet seine Wirkung, sobald Sie sind, was Sie sowieso sein wollen: ein guter Mensch. Es beginnt mit der Frage: Was kann *ich jetzt* Gutes tun? Gutsein passiert immer nur jetzt. In voll konzentriertem Zustand. Dass das Gute banal ist, heißt auch, dass es auf keinem ethischen Perfektionsideal gründet. Es geht nicht darum, wie gut Sie sind, sein sollten oder müssten, um als »gut« durchzugehen. Gutsein darf weder in Ideologie noch in Wettbewerb ausarten. Das führt zu nichts – außer zur Spaltung aller menschlicher Regungen in »gut« und »schlecht«. Da die Banalität des Guten spontan entsteht, ist sie vor Irrtümern nicht gefeit: Sie kann danebengehen, den Falschen (Schlechten) zugutekommen. Und doch gibt es, glaube ich, keine Alternative zum banalen Gutsein, dazu, spontan und ohne theoretische Vorüberlegung, mit Hirn und Herz zu agieren. Mit der Zeit wird die Banalität des Guten zu einer Haltung, die *langsames Glück* ermöglicht: eine Existenz, die nicht nur abschnittweise, sondern im Ganzen »glückt«. Augenblick für Augenblick.

Die Banalität des Bösen
ist ein Begriff, den die Philosophin Hannah Arendt für sogenannte »Schreibtischtäter« wie den NS-Verbrecher Adolf Eichmann prägte. Das banale Böse ist jedoch nicht auf eine bestimmte Zeit, auf einen bestimmten Ort beschränkt. Es breitet sich überall aus, wo man es zulässt. Es beginnt harmlos, mit etwas zu viel Gedankenlosigkeit und Gleichgültigkeit und allzu starrer, vermeintlich irrtumssicherer Prinzipientreue – und mündet schleichend in die Katastrophe von Gewalt, Grausamkeit und Krieg. Ich glaube, dass die *Banalität des Guten* der des Bösen entgegenwirken kann, bevor es gefährlich wird. Tagtäglich, auf einer ganz persönlichen, lokalen, vorpolitischen Ebene. Die Banalität des Guten mag

weich, sanft, weiblich anmuten. Doch sie ist alles andere als schwach. Sie nimmt Vorurteilen, Rechthaberei und Wokeness den Wind aus den Segeln. Und sie kann mächtiger sein als die Versuchung des Bösen.

QUELLEN

Die Idee zu diesem Buch verdanke ich erstens der Zeitschrift *Madame*, für die ich den Essay »Was ist ein guter Mensch?« schrieb (*Madame* 12/2022, S. 98–102), und zweitens dem Buch des französischen Philosophen Michel Terestchenko: Un si fragile vernis d'humanité. Banalité du mal, banalité du bien. Paris: Editions La Découverte, 2007.

Alle wörtlichen Zitate sind den hier genannten Quellen entnommen.

Annas, Julia: The Morality of Happiness. New York und Oxford: Oxford University Press, 1993.

Arendt, Hannah: Eichmann in Jerusalem. Ein Bericht von der Banalität des Bösen. München: Piper, 2011.

Arendt, Hannah: Über das Böse. Eine Vorlesung zu Fragen der Ethik. München: Piper, 2007.

Assmann, Aleida: Ist die Zeit aus den Fugen? Aufstieg und Fall des Zeitregimes der Moderne. München: Carl Hanser, 2013.

Baier, Annette: »Trust and Antitrust«. In: Ethics Vol. 96, No. 2, Januar 1986, S. 231–260.

Bieri, Peter: Wie wollen wir leben? München: dtv, 2013.

Boll, Monika u. a.: Hannah Arendt und das 20. Jahrhundert. München: Piper, 2020.

Buber, Martin: Ich und Du. Stuttgart: Reclam, 1995.

Chabris, Christopher und Daniel Simons: »Selective Attention Test from Simons & Chabris (1999), YouTube vom 10.3.2010. https://www.youtube.com/watch?v=vJG698U2Mvo (Zugriff März 2023).

Charim, Isolde: Die Qualen des Narzissmus. Über freiwillige Unterwerfung. Wien: Paul Zsolnay Verlag, 2022.

»Chris Tall spricht Rollstuhlfahrerin an und erlebt bei seiner Show einen ›magischen Moment‹«. Stern Online vom 21.1.2019. https://www.stern.de/neon/feierabend/chris-tall-in-oldenburg--aktion-fuer-rollstuhlfahrerin-ruehrt-das-netz-8541804.html#:~:text=Die%20von%20Comedian%20Chris%20Tall,%22%20der%20deutschen%20Comedy%2DSzene (Zugriff März 2023).

Cialdini, Robert: Die Psychologie des Überzeugens. Wie Sie sich selbst und Ihren Mitmenschen auf die Schliche kommen. Göttingen: Hogrefe, 2017.

Cohen, Stanley: Folk Devils and Moral Panics. London und New York: Routledge, 2011.

»Commonsensism«, in: The Shorter Routledge Encyclopedia of Philosophy. London und New York: Routledge, 2010, S. 130.

Davidson, Donald: On the Very Idea of a Conceptual Scheme. In: Proceedings and Addresses of the American Philosophical Association, Vol. 47, S. 5–20.

Durvasula, Ramani S.: »Don't You Know Who I Am?«. How to Stay Sane in an Era of Narcisissm, Entitlement, and Incivility. New York und Nashville: Post Hill Press, 2021.

Eagleton, Terry: Der Sinn des Lebens. Berlin: List, 2008.

Falk, Armin: Warum es so schwer ist, ein guter Mensch zu sein … und wie wir das ändern können. Antworten eines Verhaltensökonomen. München: Siedler, 2022.

Foucault, Michel: Ästhetik der Existenz. Schriften zur Lebenskunst. Frankfurt am Main: Suhrkamp, 2007.

Frankfurt, Harry G.: The Importance of What We Care About. Cambrigde: Cambridge University Press, 1998.

Frankfurt, Harry G.: Sich selbst ernst nehmen. Frankfurt am Main: Suhrkamp, 2007.

Fromm, Erich: Haben oder Sein. Die seelischen Grundlagen einer neuen Gesellschaft. München: dtv, 1976.

»Gaslighting: So erkennt man gezielte Manipulation«, Barmer Online vom 13.3.2023. https://www.barmer.de/gesundheit-verstehen/psyche/psychische-gesundheit/gaslighting-1072304#:~:text=Der%20Begriff%20%E2%80%9EGaslighting%E2%80%9C%20bezeichnet%20eine,ihrem%20eigenen%20Verstand%20zu%20 (Zugriff März 2023).

Gümüsay, Kübra: Sprache und Sein. Berlin: Hanser Berlin, 2020.

Hadot, Pierre: Philosophie als Lebensform. Antike und moderne Exerzitien der Weisheit. Frankfurt am Main: Fischer, 2002.

Hessel, Stéphane: Empört Euch! Berlin: Ullstein, 2011.

Horn, Christoph: Antike Lebenskunst. Glück und Moral von Sokrates bis zu den Neuplatonikern. München: Beck, 1998.

Hürther, Tobias und Thomas Vašek: »Warum uns die Stunde schlägt«. In: HOHE LUFT 4/2016, S. 20–27.

Jodorowsky, Alejandro: Der Finger und der Mond. Zen-Geschichten und schlagkräftige Worte dazu. Aitrang: Windpferd, 2006.

Knigge, Adolf Freiherr von: Über den Umgang mit Menschen. Hamburg: Nikol, 2014.

Knipp, Kersten: Die Erfindung der Eleganz. Europa im 17. Jahrhundert und die Kunst des geselligen Lebens. Ditzingen: Reclam, 2022.

Luhmann, Niklas: Vertrauen. Stuttgart: UTB, 2000.

Laplanche, J. und J.-B. Pontalis: Das Vokabular der Psychoanalyse. Frankfurt am Main: Suhrkamp, 1999.

Liessmann, Konrad Paul: Schönheit. Stuttgart: UTB, 2009.

Luck, Georg: Die Weisheit der Hunde. Texte der antiken Kyniker. Stuttgart: Kröner, 1997.

MacAskill, William: What We Owe the Future. A Million-Year View. London: Oneworld, 2022.

Marc Aurel: Selbstbetrachtungen. Stuttgart: Reclam, 2019.

Midgley, Mary: Wickedness. London und New York: Routledge, 1984.

Moser, Benjamin: Sontag. Her Life and Work. New York: Ecco, 2019.

Nelson, Deborah: Denken ohne Trost. Arbus, Arendt, Didion, McCarthy, Sontag, Weil. Berlin: Wagenbach, 2022.

Nymoen, Ole und Wolfgang M. Schmitt: Influencer. Die Ideologie der Werbekörper. Berlin: Suhrkamp, 2021.

Peseschkian, Nossrat: Der Kaufmann und der Papagei. Orientalische Geschichten in der Positiven Psychotherapie. Frankfurt am Main: Fischer, 2006.

Postman, Neil: Amusing Ourselves to Death. Public Discourse in the Age of Showbusiness. New York: Penguin Books, 2005.

»Rechte Pointen auf der Comedy-Bühne«. Deutschlandfunk Online vom 25.10.2017. https://www.deutschlandfunk.de/

rechte-pointen-auf-der-comedy-buehne-komiker-kawusi-und-100.html (Zugriff März 2023).
Reckwitz, Andreas und Hartmut Rosa: Spätmoderne in der Krise. Was leistet die Gesellschaftstheorie? Berlin: Suhrkamp, 2021.
Reinhard, Rebekka: Die Sinn-Diät. Warum wir schon alles haben, was wir brauchen. Philosophische Rezepte für ein erfülltes Leben. München: Ludwig, 2009.
Reinhard, Rebekka: Die Zentrale der Zuständigkeiten: 20 Überlebensstrategien für Frauen zwischen Wollen, Sollen und Müssen. München: Ludwig, 2022.
Reinhard, Rebekka: Schön! Schön sein, schön scheinen, schön leben – eine philosophische Gebrauchsanweisung. München: Ludwig, 2013.
Rüther, Markus: »John Searle«. Information Philosophie Online. https://www.information-philosophie.de/?a=1&t=4858&n=2&y=1&c=4 (Zugriff April 2023).
Sacks, Oliver: Dankbarkeit. Reinbek b. Hamburg: Rowohlt, 2015.
Sartre, Jean-Paul: »Ist der Existenzialismus ein Humanismus?«. In: Jean-Paul Sartre: Drei Essays. Frankfurt am Main: Ullstein, 1979.
Schnädelbach, Herbert: Kant. Leipzig: Reclam, 2005.
Schopenhauer: Arthur: Aphorismen zur Lebensweisheit. In: Parerga und Paralipomena. Zweiter Teilband. Zürich: Diogenes, 1977.
Schopenhauer, Arthur: Die Welt als Wille und Vorstellung. Gesamtausgabe. München: dtv, 1998.
Searle, John: Sprechakte. Ein sprachphilosophischer Essay. Berlin/Frankfurt am Main: Suhrkamp, 2019.
Sogyal Rinpoche: Das tibetische Buch vom Leben und

vom Sterben. Ein Schlüssel zum tieferen Verständnis von Leben und Tod. Frankfurt am Main: Fischer, 2007.
Tagesthemen vom 2.1.2023. https://www.ardmediathek.de/video/Y3JpZDovL2Rhc2Vyc3RlLmRlL3RhZ2VzdGhlbWVuLzQ3OWE3NTZkLWNhNmYtNGVjYi1iNjI3LWM5NDM0YmU3NjFhMi8x (Zugriff Februar 20212).
Thöne, Eva: »Langsamer machen reicht nicht.« Interview mit Hartmut Rosa vom 21.3.2016. https://www.spiegel.de/kultur/gesellschaft/resonanz-statt-beschleunigung-hartmut-rosas-gegenentwurf-a-1082402.html (Zugriff März 2023).
Tutić, Andreas (Hg.): Rational Choice. Berlin und Boston: De Gruyter, 2020.
Vašek, Thomas: Zeit leben. So verstehen und nutzen wir den Takt der Zeit. München: Gräfe und Unzer, 2018.
Ware, Bronnie: 5 Dinge, die Sterbende am meisten bereuen. Einsichten, die Ihr Leben verändern werden. München: Goldmann, 2015.
Weil, Simone: »Plan für einen Verband von Frontkrankenschwestern«. In: Simone Weil: Krieg und Gewalt. Essays und Aufzeichnungen. Zürich: diaphanes, 2021, S. 193–204.
Williams, James: Stand Out of Our Light. Freedom and Resistance in the Attention Economy. Cambridge: Cambridge University Press, 2018.
Winkler, Willi: »Die Mörderbande von Pullach«. Süddeutsche Zeitung, Nr. 226, 30.9.2022.
Zaretsky, Robert: The Subversive Simone Weil. A Live in Five Ideas. London: The University of Chicago Press, 2021.

DANKSAGUNG

Dieses Buch ist in polykritischer Lage entstanden. Es fiel in eine Zeit der beruflichen Transformation. »Das schaffst du nicht.« – »Wie stellen Sie sich das vor?« – »Das geht nicht.« Wie oft hatte ich solche Kommentare früher gehört – und hörte sie nun wieder. Daneben gab es viele, die keine Zweifel hatten, dass es »geht«: Danke an meine Eltern. Sehr herzlich bedanke ich mich zudem bei meinem Agenten Michael Meller sowie beim Team des Ludwig Verlags, das von Anfang an von der Idee der »Banalität des Guten« überzeugt war und es möglich machte, dieses Buch zu realisieren. Auch danke ich meiner Lektorin Andrea Kunstmann. Neben dem Schreiben das Magazin *human* über Mensch und künstliche Intelligenz zu entwickeln, wäre ohne engagierte Menschen aussichtslos gewesen – mein großer Dank gilt Tanja Maus und Maja Metz. Danke auch an Timo Ahrens, Lena Frings und Noelle Kunath. Das ganze letzte Jahr wäre weit weniger gut verlaufen ohne Ermutigung und Unterstützung von Menschen, die die Fähigkeit, den Willen und die Energie haben, über den Tellerrand zu blicken und engagiert zu »tun«, statt nur engagiert zu reden: Besonders danke ich Stephanie Schorp sowie Constanze Eich, Sabine Eckhardt, Mina Saidze, Martina Bruder, Eszter Debreczeni,

Mara Bertling, Anna Sophie Herken, Michael Sandvoss, Mirsada Simchen-Kahrimanovic und Dr. Stephan Meier. Mein größter Dank gilt Thomas Vašek.